이미지성경공부
IMAGE BIBLE STUDY

주님과함께일상에머물다

부록: 액션바이블 – 추수감사절, 성탄절

이영미, 이미숙, 우치언 지음

도서
출판 액션메소드

목차

Part 3
기억할 때

Part 4
Action Bible

시작하며

새로운 시대에 새로운 성경공부로!
이미지 성경공부로 성경공부 방식을 바꾸다

1. 성경공부는 계속되어야 한다

성경공부는 어느 시대나 다양한 방식으로 해왔었다. 책이 없던 시대는 말로 학문이 발전될 때는 학문의 방식으로 영상의 시대는 영상을 활용하는 성경공부로 신앙 공동체는 항상 성경을 가르치고 배워왔었다. 신앙 공동체는 성경공부가 바탕이 되어 왔었고 신앙의 기초를 만들어 왔다. 그러나 시대가 변화하면서 과거의 방식으로 더 이상 성경공부가 지속되기가 힘들어졌다. 수동적이고 지시적인 과거의 방식을 거부하는 교육환경은 성경공부가 변해야 한다고 말하고 있다.

2. 사람들은 이야기를 좋아한다

현대인들은 수많은 이야기 속에서 살고 있다. 그 이야기를 듣고만 있던 시대에서 자신의 이야기를 발견하고 자신도 이야기를 하고자 한다. 수동적이고 주입식 성경공부는 사람들의 이러한 욕구를 반영하지 못하고 있다. 나도 이야기 하고 싶다는 욕구는 어린아이부터 노인에 이르기까지 보편적인 현상이다 마찬가지로 성경공부도 참여자들이 스스로 함께 이야기 할 수 있는 방식으로 변해야 한다. 성경공부가 사역자나 선생님만 이야기 하는 구조에서 학생이나 성도들이 스스로 자신의 이야기를 하도록 유도하는 방식으로 변해야 하는 이유다.

3. 이미지를 통한 전달

이미지를 활용하는 분야가 오래전에는 예술영역에만 활용되다가 현대에 이르러 교육과 광고, 영상 미디어에 이르기까지 보편적으로 활용되면서 이미지가 없는 글이나 이야기만으로는 사람들의 관심을 끌 수 없는 시대가 되었다. 이미지는 기억과 이야기 그리고 감정을 불러일으키는 매개체로서의 역할을 할 수 있다. 그래서 광고를 비롯한 미디어에서는 이미지를 활용한 다양한 컨텐츠가 발전되는 중이다. 광고나 영상이 단순한 정보나 효율성을 전달하는 방식에서 사람들이 제품이나 정보를 감성적으로 받아들이도록 노력하게 만드는 이유다.

4. 이미지 성경공부

성경공부하면 신앙인들이 마땅히 해야 한다고 생각하지만 예전처럼 자발적이지도 않고 흥미도 없는 것이 현실이다. 그래서 이미지 성경공부 방식은 기존의 형식과 다르게 시작한다. 정해진 답이나 틀려도 괜찮다는 방식의 이미지를 통한 이야기부터 시작하도록 한다. 자기가 경험하였고 자기만이 이야기 할 수 있는 시간을 가지면서 자연스럽게 성경의 이야기로 들어간다. 성경의 이야기도 마음속 이미지를 연결하여 저 먼 이야기가 아닌 지금 여기의 이야기처럼 받아들이도록 구성되어 있다. 자기의 이야기와 성경의 이야기가 교차되면서 성경 말씀이 여운으로 남아 자기 질문과 묵상, 통찰로 이어지게 한다.

이미지 성경 공부 제작자 일동

예수님의 대화법 (feat. 사마리아 여인)

요한복음 4장에는 작은 에피소드가 나온다. 예수님이 제자들도 없는 시간에 목이 말랐다. 그래서 낮에 사람들을 피해 물을 길으러 온 사마리아 여인에게 물을 청한다. 유대인과 사마리아 사람들은 서로 앙숙 같은 존재들이다. 한국과 일본 혹은 한국과 북한이라고 할 수 있을지 모르겠다.

나에게 물을 좀 주시겠소?

이 말을 들었던 사마리아 여인의 생각에는 무슨 그림이 그려졌을까? 자신들을 무시하던 유대인, 자신을 괴롭혔던 남자들, 자신의 기구한 삶이 물을 달라는 예수님의 말에 순간적으로 떠올렸을 것이다. 그래서 나온 대답이 "당신은 유대인으로서 어찌하여 내게 물을 달라고 하십니까?"이다.

이 사마리아 여인의 말과 표정을 읽으면서 예수님은 반응하셨다. 서로 얼굴을 바라보며 여인은 거부감이 드는 표정으로 예수님은 안타까운 표정으로 서 있었다. 각자 서로가 가진 이미지를 가지고 바라보았기 때문에 그에 걸맞은 표정으로 상호작용을 하였다. 상호작용은 대화로 하고 있지만, 서로의 이미지는 변하고 있음을 볼 수 있다.

네가 하나님의 선물을 알고,

또 너에게 물을 달라는 사람이 누구인지를 알았더라면,

도리어 네가 그에게 청하였을 것이고, 그는 너에게 생수를 주었을 것이다.

여인의 말과 마음속 거부감을 예수님은 이와 같은 말로 변화시키고 있다. 단순한 대화지만 다양한 이미지가 들어 있음을 추측해 볼 수 있다. 현대 인간 이해는 성경에 나타난 말뿐 아니라 정서와 이미지를 추측할 수 있게 하였다. 인간 이해 없는 성경 이해는 예수님을 로봇처럼 이해하게 만든다. 신이니까 다 알았겠지, 혹은 교리적으로만 받아들이면서 성경의 생동감을 반감시킨다. 다시 여인의 말을 들어 보자.

> 선생님, 선생님에게는 두레박도 없고, 이 우물은 깊은데,
>
> 선생님은 어디에서 생수를 구하신다는 말입니까?
>
> 선생님이 우리 조상 야곱보다 더 위대하신 분이라는 말입니까?

예수님의 영적인 대답에 여인은 현실적이고 합리적인 물음과 예수님 존재에 대해 질문을 하고 있다. 이 질문은 예수님의 대답에서 시작되었다. 그 대답은 여인에게 질문을 낳게 했다. 여인은 질문과 대답을 통해 점차 현실에서 예수님의 존재에 대한 질문으로 옮겨가고 있음을 보게 된다. 이 문답 속에서 여인은 자신의 삶을 이야기할 수밖에 없었고 예수님의 존재를 남자에서 예언자로 구주로 인정하게 된다. 이러한 일련의 과정은 오늘 우리에게 시사하는 바가 크다. 상대의 이미지에 반응하면서 이야기와 감정을 끌어내고 변화시키는 능력이 그리스도인에게 필요한 부분이다. 세상은 인간의 이미지에 침투하기 위해 다양한 노력을 하고 있다. 이미지는 영혼을 움직이는 첫 번째 관문이라 할 수 있다. 오늘날 성경 공부 속에서 또 인간관계 속에서도 필요한 부분이 아닐까? 한 사람의 이미지 속에는 그 사람의 감정과 인생과 이야기가 숨어 있다. 이를 표현하게 만드는 과정이 성경 공부의 기초이며 인간관계의 기본이 되어야 한다. 이미지의 변화는 영혼의 변화뿐만 아니라 사고와 행동의 변화까지 가져오기 때문이다.

추천사

반신환 교수 한남대학교 기독교학과

기독교 역사에서 긴 세월 동안 이루어졌던 '이미지', '신체', '활동'을 통합한 성경공부가 현대적으로 소개되는 것은 하나님의 큰 은혜입니다. 이미지 성경공부 교재가 우리 개인과 공동체에 파급하게 될 감동과 영향을 기대합니다.

황헌영 교수 서울신학대학교

심령 골수를 꿰뚫는 하나님의 말씀, 우리 마음의 작용과 어떻게 연결이 될까? 우뇌로 접근하는 새로운 성경공부를 접해보라. 이미지 성경공부는 그동안 뇌의 좌반구 편향으로 접근해온 기존 성경공부의 한계를 넘어서서 마음의 심상과 삶의 기억들을 이야기로 담고 있는 우반구 뇌의 작용을 활성화하여 지금까지 맛보지 못한 성경의 묘미를 아주 신선하게 펼쳐낸다! 삶의 실타래가 풀리는 감격을 맛보게 한다.

전경호 목사 청년목회자연합, 다음세대코칭센터 대표

"진작에 나왔어야 했습니다. 정말 이 시대에 맞는 성경공부의 획기적인 전환이면서도 가장 성경적인 방법인 이미지 성경공부, 다음 세대는 물론 장년들까지도 이 방법으로 성경을 대한다면 성경이 가슴에 새겨지고, 내 삶에 적용되는 놀라운 결과를 보게 될 것입니다. 이 책의 내용을 통해 청년들과 함께 성경공부할 시간이 벌써부터 기대가 됩니다."

이한욱 목사 열방교회

이미지 성경공부 교재가 출간된 것은 한국교회의 축복입니다. 성경을 입체적으로 보게 하고, 입으로 묘사하며 스토리텔링을 할 수 있도록 돕는 교재가 필요했습니다. 또한 자신의 갈등과 연결해 치료와 회복으로 나가게 돕는 이 교재는 한국교회를 은혜롭게 할 것입니다.

이상구 목사 파리 한인침례교회

저희 교회의 교우들이 참여했던 이미지 성경공부는 제시된 이미지들을 통해 풀어내는 문답 형식과 내용이 모두 심오했습니다. 활자화된 성경 구절을 선 제시하여 진행하던 기존의 학습방법에서 완전히 벗어나, 혁신적으로 주제별 〈이미지 제시〉를 통해 참가자들로 하여금 신선하고 자연스러운 호기심 유발과 함께 친근감 있는 학습 접근의 동기부여, 활발한 참여가 가능하였던 것 같습니다. 콘텐츠가 각 진행 단계끼리 서로 유기적으로 잘 연결되어 있고, 참가자 자신의 일상과 삶의 문제들이 결국 말씀과 연계되어 풀어내어지는 확장성 높은 논리를 보유하고 있고 그 매커니즘으로 효과적인 학습 마무리를 유도할 수 있었습니다. 참가한 교우들이 이미지를 통한 과거와 현재의 아픔을 털어놓으니 속이 후련하고 스스로 힐링 됐다는 소감과 함께 성경 말씀에 자연스럽게 다가갈 수 있어 신선했고 재미있었다 합니다. 불어로도 진행되어 당시 프랑스인들에게도 쉽게 접근할 수 있었습니다. 주위의 비크리스찬들에게도 배운 대로 나눌 수도 있겠다는 교우도 있었습니다. 부부도 참석했는데 서로가 가진 고민과 아픔을 주고받는 기회도 되었습니다. 항상 소지 가능한 간편 크기의 교재만 있다면 목장 모임에 도입하면 좋을 학습 방법이라 여겨졌는데 마침 성경공부 교재로 제작되었다는 소식이 무척 반갑습니다. 이미지 성경공부가 교회와 선교지역에 잘 뿌리내리기를 기원합니다.

Missionary Dr. NGUYEN CUU Nam Tran 파리 한인침례교회 베트남 선교사

Médecine Générale et MicroNutritionnelle in Paris

아주 새로운 콘셉트이네요. 스마트폰과 일상에서 쓰이는 물건이나 단어를 이미지로 이용한 아주 현대적인 방법이네요. 평소에 서로에게 그리고 우리 자신에게 물어보지 않는 중요한 질문들이 들어있습니다. 말씀의 분량이 많지 않아서 집중하기 어려운 학생들에게도 부담이 없어요. 특히 새신자나 무신론자의 마음에 다가가기에 도움이 되는 질문들이 훌륭합니다.

단계별 설명

01 이미지 보고 이야기하기

첫 단계의 그림은 단순한 이미지이다. 인도자의 질문을 통해 참여자들은 자신의 기억을 떠올리게 된다. 최근의 기억 가운데 단순하고 소소한 일상을 말할 수도 있고 오래되고 가슴 아픈 기억을 떠올릴 수도 있다. 일상에서 보이는 모든 사물도 기억을 촉진하는 이미지이다. 그 이미지가 구체성을 가지느냐 아니냐는 각자의 삶의 내용과 관련이 있다.

이미지 성경에서 사용하는 이미지는 참여자들의 기억을 촉진하고 성경 말씀과 연결을 위해 사용한다. 참여자들은 단순한 이미지를 통해 사실적 기억을 먼저 말하게 된다. 실제로 경험한 일상의 이야기를 나누면서 서로가 편하게 된다. 다음으로 삶의 한 단편이나 추상적인 이야기의 질문을 통해 자신의 마음을 이야기하게 한다. 아픈 기억이나 마음속에 풀리지 않은 고민을 이야기할 수도 있다. 참여자들은 이야기하면서 기억이 활성화된다.

이처럼 활성화된 기억과 감정을 가지고 이야기하면 단순한 이야기가 아니라 서로를 이해할 수 있는 분위기가 형성된다. 인도자는 참여자가 어떻게 살아왔는지, 어떤 고민이 있는지, 아직 해결되지 못한 문제가 무엇인지를 구조적으로 이야기할 수 있게 돕는다. 마음의 이야기를 서로 나누는 상호작용은 이미지 성경 공부에서 중요한 첫 단계이다.

02 말씀 읽고 선택하기

이미지 단계에서 자신의 이야기와 기억을 소환하여 관계가 편해지면 인도자는 참여자들에게 성경을 읽고 어떤 말씀이 끌리는지 선택해 보게 한다. 이미지 단계에서 자기표현이 편해지면 자발성이 올라가고 성경을 연상해 보기가 쉽다. 문자를 해석하지 말고 성경 자체가 묘사하는 장면을 그리다 보면 성경이 입체적으로 보이게 된다. 자기 스스로 묘사한 성경 내용은 스토

리텔링화되면서 더욱 구체화되고 생동감 있게 묘사된다. 읽고 선택하고 그 이유를 설명하면서 활성화된 성경 이미지가 은연중에 자신의 경험을 투영하기 때문이다.

03 선택한 말씀 나누기

참여자들의 선택에 의해 성경 말씀을 탐색한다. 선택된 하나의 성경 장면 혹은 구절에 대하여 인도자가 질문하게 되면 말씀은 살아 움직이게 된다. 질문은 성경을 구체적으로 보기 위한 방식과 다른 관점을 가져보게 하는 방식, 그리고 자신과 연관성을 고려하며 질문을 하도록 구성되어 있다. 이 과정에서 주어진 질문을 따라 단계적으로 진행할 수도 있지만, 인도자의 역량에 따라 하나의 질문에 더 집중해도 된다. 질문과 대답을 하다 보면 또 다른 질문이 생겨난다. 알고 싶은 욕구와 인도자가 가르쳐준 내용이 비례할 때 학습효과는 극대화된다.

04 말씀에 대한 의미 설명

설명은 각자가 이야기한 내용을 요약하고 간략한 주석을 할 수 있다. 이 과정들은 성경의 의미가 만들어지는 과정이다. 참여자들은 성경 내용을 많이 아는 사람부터 모르는 사람까지 다양하다. 그래서 참여자들이 말한 성경 묘사를 요약해 주면서 자신들의 이야기가 소홀히 여기지 않는다는 느낌을 받도록 한다. 그 과정에서 해석 혹은 교육의 이야기를 조금만 덧붙이면 된다. 마지막에 제시한 말씀 해설은 삶의 이야기와 성경의 이야기를 종합 정리하게 된다. 설교처럼 듣는 사람도 있고 해설처럼 이해하는 사람도 있을 수 있다. 한 사람의 사역자가 예화와 해석 그리고 선포로 이어지는 설교처럼 이미지 성경 말씀은 함께 만들어가는 설교라고 할 수 있다.

PART 1.

함께할 때

01 식탁

이미지 보고 이야기하기

---

1 최근에 당신은 누구와 함께 식사를 하나요?

2 최근 기억에 남는 식탁은 언제 어디서 어떤 사람과 함께 한 것이었나요?

3 당신의 식탁에 푸짐한 음식을 차려 놓고 누구를 초대하고 싶은가요?

4 그 식탁에서 어떤 이야기를 나누고 싶은가요?

● 말씀 읽고 선택하기

>> 성경말씀을 읽고 마음에 와 닿는 말씀을 선택한 후, 그 이유를 나누어 보세요.

말씀 1   누가복음 11장 37-42절

37 예수께서 말씀하실 때에 한 바리새인이 자기와 함께 점심 잡수시기를 청하므로 들어가 앉으셨더니 38 잡수시기 전에 손 씻지 아니하심을 그 바리새인이 보고 이상히 여기는지라 39 주께서 이르시되 너희 바리새인은 지금 잔과 대접의 겉은 깨끗이 하나 너희 속에는 탐욕과 악독이 가득하도다 40 어리석은 자들아 겉을 만드신 이가 속도 만들지 아니하셨느냐 41 그러나 그 안에 있는 것으로 구제하라 그리하면 모든 것이 너희에게 깨끗하리라 42 화 있을진저 너희 바리새인이여 너희가 박하와 운향과 모든 채소의 십일조는 드리되 공의와 하나님께 대한 사랑은 버리는도다 그러나 이것도 행하고 저것도 버리지 말아야 할지니라

말씀 2   사무엘상 16장 10-14절

10 이새가 그의 아들 일곱을 다 사무엘 앞으로 지나가게 하나 사무엘이 이새에게 이르되 여호와께서 이들을 택하지 아니하셨느니라 하고 11 또 사무엘이 이새에게 이르되 네 아들들이 다 여기 있느냐 이새가 이르되 아직 막내가 남았는데 그는 양을 지키나이다 사무엘이 이새에게 이르되 사람을 보내어 그를 데려오라 그가 여기 오기까지는 우리가 식사 자리에 앉지 아니하겠노라 12 이에 사람을 보내어 그를 데려오매 그의 빛이 붉고 눈이 빼어나고 얼굴이 아름답더라 여호와께서 이르시되 이가 그니 일어나 기름을 부으라 하시는지라 13 사무엘이 기름 뿔병을 가져다가 그의 형제 중에서 그에게 부었더니 이 날 이후로 다윗이 여호와의 영에게 크게 감동되니라 사무엘이 떠나서 라마로 가니라 14 여호와의 영이 사울에게서 떠나고 여호와께서 부리시는 악령이 그를 번뇌하게 한지라

● 말씀 나누기

>> 선택한 본문 말씀의 질문에 대하여 나누어 보세요.

Q&A   누가복음 11장 37-42절

1. 바리새인이 예수님을 초청한 이유는 무엇일까요?

2. 바리새인이 예수님이 식사하는 가운데 이상하다고 여긴 점이 무엇입니까?

3. 우리가 다른 사람을 판단할 때 관습이나 고정관념으로 보는 경우를 말해 보세요.

4. 바리새인처럼 다른 사람의 시선 때문에 마음을 숨기고 아름답게 겉치레 하는 경우를
   말해 보세요.

Q&A   사무엘상 16장 10-14절

1. 사무엘이 식사를 거부한 이유가 무엇입니까?

2. 12절에서 성경은 다윗의 총명함을 묘사하고 있습니다. 그러나 막내인 다윗은
   집안에서 인정받지 못하였습니다. 그 이유는 무엇일까요?

3. 밖에서는 인정받지만 집에서는 인정받지 못하는 사람은 어떤 사람일까요?

4. 가족이 보는 시각과 하나님이 보는 시각의 차이는 무엇이라고 생각하십니까?

말씀 1 누가복음 11장 37-42절

본문은 바리새인이 예수님을 초청해놓고 식사 전 손을 씻지 않은 모습을 이상하게 보았다고 합니다. 사람들이 사람의 성품이나 중심을 보지 못하고 사회적 지위나 행동 몇 개를 보고 판단하는 모습과 같습니다. 예수님은 겉모습으로 사람을 판단하는 행동을 책망하십니다. 또는 종교적 행위나 관습이 하나님의 사랑을 대신할 수 없다고 말하십니다. 우리가 하나님의 사랑으로 사람을 대할 때 그 마음을 헤아리고 주님의 시각으로 사람을 바라보아야 하는 이유입니다.

말씀 2 사무엘상 16장 10-14절

가족이나 마을 사람들은 가깝다는 이유로 사람을 무시하거나 판단합니다. 가까운 사람을 볼 때 과거의 모습과 자신이 경험한 시각으로 사람을 보기 때문입니다. 그러나 하나님은 과거만이 아니라 현재와 미래를 보십니다. 그리고 사람의 심성을 누구보다 잘 알고 계십니다. 사람은 보지 못하지만 하나님은 아십니다. 사람을 무시하거나 가볍게 여기지 말아야 할 이유는 하나님이 판단하시기 때문입니다.

나눔

02 대화

이미지 보고 이야기하기

---

1 최근 누구와의 대화가 기억나나요?

2 당신은 어떤 사람과의 대화가 좋은가요? 혹은 싫은가요?

3 당신의 삶 속에서 가장 오랫동안 대화한 기억은 무엇인가요?

4 당신은 누구와 오랫동안 이야기하고 싶은가요?

● 말씀 읽고 선택하기

>> 성경말씀을 읽고 마음에 와 닿는 말씀을 선택한 후, 그 이유를 나누어 보세요.

말씀 1 　 예레미야 29장 11-14절

11 여호와의 말씀이니라 너희를 향한 나의 생각을 내가 아나니 평안이요 재앙이 아니니라 너희에게 미래와 희망을 주는 것이니라 12 너희가 내게 부르짖으며 내게 와서 기도하면 내가 너희들의 기도를 들을 것이요 13 너희가 온 마음으로 나를 구하면 나를 찾을 것이요 나를 만나리라 14 이것은 여호와의 말씀이니라 나는 너희들을 만날 것이며 너희를 포로된 중에서 다시 돌아오게 하되 내가 쫓아 보내었던 나라들과 모든 곳에서 모아 사로잡혀 떠났던 그 곳으로 돌아오게 하리라 이것은 여호와의 말씀이니라

말씀 2 　 마태복음 6장 5-8절

5 또 너희는 기도할 때에 외식하는 자와 같이 하지 말라 그들은 사람에게 보이려고 회당과 큰 거리 어귀에 서서 기도하기를 좋아하느니라 내가 진실로 너희에게 이르노니 그들은 자기 상을 이미 받았느니라 6 너는 기도할 때에 네 골방에 들어가 문을 닫고 은밀한 중에 계신 네 아버지께 기도하라 은밀한 중에 보시는 네 아버지께서 갚으시리라 7 또 기도할 때에 이방인과 같이 중언부언하지 말라 그들은 말을 많이 하여야 들으실 줄 생각하느니라 8 그러므로 그들을 본받지 말라 구하기 전에 너희에게 있어야 할 것을 하나님 너희 아버지께서 아시느니라

● 말씀 나누기

>> 선택한 본문 말씀의 질문에 대하여 나누어 보세요.

Q&A **예레미야 29장 11-14절**

1. 11절을 읽고 하나님의 심정을 말해 보세요.

2. 하나님은 이스라엘 백성과 우리를 만나고 대화하기 원하십니다.
   그러나 우리는 무엇 때문에 하나님과 대화(기도)를 하지 못하는지 말해 보세요.

3. 당신의 기도 생활을 방해하는 것이 무엇인지 말해 보세요.

4. 당신은 하나님과 대화(기도)를 통해 어떤 문제를 말하고 싶습니까?

Q&A **마태복음 6장 5-8절**

1. 기도를 아무도 보지 않은 곳에서 은밀하게 해야 하는 이유가 무엇입니까?

2. 당신은 했던 말을 또 하며 잔소리를 많이 하는 사람을 아십니까?
   그 사람이 싫은 이유가 무엇입니까?

3. 당신의 기도생활을 방해하는 것이 무엇인지 말해보세요.

4. 당신은 하나님과 대화(기도)를 통해 어떤 문제를 말하고 싶습니까?

● 메시지

말씀 1 예레미야 29장 11-14절

하나님은 우리와 대화하기를 원하십니다. 대화는 인격적 교제이므로 기도는 하나님과 인격적 교제의 시작입니다. 신앙은 하나님과 인격적 교제를 시작함으로 자라게 됩니다. 사람들은 좋은 사람과 대화를 하면 유익하고 얻을게 많다는 것을 압니다. 마찬가지로 가장 지혜로우시고 능력 있는 하나님께 기도를 한다면 그 어떤 사람과의 대화보다 유익하며 문제를 해결할 수 있는 길이 열리게 됩니다. 하나님은 우리와 대화하기를 원하시고 우리의 문제를 해결해 주시기를 원하시는 분이십니다.

말씀 2 마태복음 6장 5-8절

기도는 하나님과 나와의 대화입니다. 중요한 대화를 남들이 엿 듣거나 떠벌리는 사람이 있다면 우리는 기분이 상할 것입니다. 마찬가지로 하나님도 인격적인 분이시기 때문에 은밀하고 마음을 다하여 기도하기를 원하십니다. 사랑은 남을 의식하지 않고 두 사람의 관계 속에서 이뤄지는 것처럼 하나님을 사랑한다면 기도는 하나님과의 관계 속에서 인격적 사랑을 키워나간다고 할 수 있습니다. 하나님은 기도하는 사람의 마음을 헤아리시며 무엇이 필요한지 이미 아신다고 말씀하십니다. 기도하는 순간 하나님은 우리의 마음을 이미 아시며 어머니가 아이의 필요를 채워주듯 채워주시는 분이십니다.

03 친구

이미지 보고 이야기하기

————————————

1 당신은 몇 명의 친구가 있나요?

2 그 친구 중 한 명에 대해 설명해 보세요.

3 당신의 삶 속에서 기억에 남는 친구는 누구인가요?

4 당신에게는 어떤 친구가 필요한가요?

● 말씀 읽고 선택하기

>> 성경말씀을 읽고 마음에 와 닿는 말씀을 선택한 후, 그 이유를 나누어 보세요.

말씀 1   마태복음 11장 16-21절

16 이 세대를 무엇으로 비유할까 비유하건대 아이들이 장터에 앉아 제 동무를 불러 17 이르되 우리가 너희를 향하여 피리를 불어도 너희가 춤추지 않고 우리가 슬피 울어도 너희가 가슴을 치지 아니하였다 함과 같도다 18 요한이 와서 먹지도 않고 마시지도 아니하매 그들이 말하기를 귀신이 들렸다 하더니 19 인자는 와서 먹고 마시매 말하기를 보라 먹기를 탐하고 포도주를 즐기는 사람이요 세리와 죄인의 친구로다 하니 지혜는 그 행한 일로 인하여 옳다 함을 얻느니라 20 예수께서 권능을 가장 많이 행하신 고을들이 회개하지 아니하므로 그 때에 책망하시되 21 화 있을진저 고라신아 화 있을진저 벳새다야 너희에게 행한 모든 권능을 두로와 시돈에서 행하였더라면 그들이 벌써 베옷을 입고 재에 앉아 회개하였으리라

말씀 2   잠언 27장 9-11절

9 기름과 향이 사람의 마음을 즐겁게 하나니 친구의 충성된 권고가 이와 같이 아름다우니라 10 네 친구와 네 아비의 친구를 버리지 말며 네 환난 날에 형제의 집에 들어가지 말지어다 가까운 이웃이 먼 형제보다 나으니라 11 내 아들아 지혜를 얻고 내 마음을 기쁘게 하라 그리하면 나를 비방하는 자에게 내가 대답할 수 있으리라

● 말씀 나누기

>> 선택한 본문 말씀의 질문에 대하여 나누어 보세요.

Q&A   마태복음 11장 16-21절

1. 16,17절 본문에서 말하는 이 세대는 어떻다고 말하고 있나요?

2. 본문에 표현된 현상이 오늘날 어떻게 나타나는지 설명해 보세요.

3. 인자(예수님)는 세리와 죄인 같이 사람들이 싫어하는 사람의 친구라고 하십니다.
   당신은 어떻게 생각하십니까?

4. 예수님이 당신의 친구처럼 느껴질 때가 언제입니까?

Q&A   잠언 27장 9-11절

1. 맛있는 음식과 즐거움과 같이 친구의 말이 좋았던 경험이 있습니까?

2. 가족보다 친구가 낫다고 느낀 경험이 있습니까?

3. 친구를 통해 위로나 지혜를 얻었던 경험이 있습니까?

4. 친구 되신 예수님을 통해 얻은 지혜나 위로를 말해 보세요.

● 메시지

말씀 1　　마태복음 11장 16-21절

예수님 당시처럼 오늘날도 주변에 무슨 일이 일어나도 모른 척하고 살아가게 됩니다. 사람들은 살인이 일어나고 폭력이 일어나도 나와는 상관없는 일이라고 외면합니다. 언론을 통해 뉴스를 통해 일어나는 사건사고를 보고 가슴 아파하지도 않고 살아갑니다. 결국 내가 사람들에게 누명을 쓰거나 죄 때문에 고통을 당하면 손가락질 할 뿐이지 아무도 나를 위로하고 도와주지 않습니다. 그러나 주님은 사람들에게 놀림 당하고 죄인이라 버림받은 사람들의 친구가 되신다고 말하십니다. 사람들의 시각과 주님의 시각은 다릅니다. 친구란 사람들이 외면할 때 같이 있어주는 사람이며 함께 고통을 지는 사람입니다. 주님은 우리에게 진정한 친구로 함께 하십니다.

말씀 2　　잠언 27장 9-11절

맛있는 음식이나 즐거운 일처럼 좋은 친구와 함께 있는 것이 낫다고 성경은 말합니다. 가족도 이해 못하고 사람들에게 외면 받을 때 내 마음을 알아주는 친구 한 사람이 중요할 때가 있습니다. 가족이 상처가 되고 사람들이 무섭다고 느껴질 때 좋은 친구는 마음의 평안을 주고 지혜를 줍니다. 주님은 그 어떤 친구보다 좋은 길로 인도하시고 마음을 위로하시며 어려울 때 함께 해주십니다. 그런 주님과 함께 동행 하는 것이 은혜입니다.

나눔

04 인정

이미지 보고 이야기하기

---

1 당신의 부모님이 자랑스럽거나 실망스러울 때가 언제인가요?

2 당신은 부모님이 부모로서 인정될 때가 언제인가요?

3 당신은 다른 사람의 어떤 점을 보고 인정하게 되나요?
(예: 그 사람은 괜찮은 사람이다, 능력있는 사람이다, 정직한 사람이다 등등)

4 당신은 다른 사람으로부터 인정받아 본 적이 있나요?
그 경험을 말해 보세요.

● 말씀 읽고 선택하기

>> 성경말씀을 읽고 마음에 와 닿는 말씀을 선택한 후, 그 이유를 나누어 보세요.

말씀 1   열왕기상 3장 6-10절

6 솔로몬이 이르되 주의 종 내 아버지 다윗이 성실과 공의와 정직한 마음으로 주와 함께 주 앞에서 행하므로 주께서 그에게 큰 은혜를 베푸셨고 주께서 또 그를 위하여 이 큰 은혜를 항상 주사 오늘과 같이 그의 자리에 앉을 아들을 그에게 주셨나이다 7 나의 하나님 여호와여 주께서 종으로 종의 아버지 다윗을 대신하여 왕이 되게 하셨사오나 종은 작은 아이라 출입할 줄을 알지 못하고 8 주께서 택하신 백성 가운데 있나이다 그들은 큰 백성이라 수효가 많아서 셀 수도 없고 기록할 수도 없사오니 9 누가 주의 이 많은 백성을 재판할 수 있사오리이까 듣는 마음을 종에게 주사 주의 백성을 재판하여 선악을 분별하게 하옵소서 10 솔로몬이 이것을 구하매 그 말씀이 주의 마음에 든지라

말씀 2   잠언 3장 3-7절

3 인자와 진리가 네게서 떠나지 말게 하고 그것을 네 목에 매며 네 마음판에 새기라 4 그리하면 네가 하나님과 사람 앞에서 은총과 귀중히 여김을 받으리라 5 너는 마음을 다하여 여호와를 신뢰하고 네 명철을 의지하지 말라 6 너는 범사에 그를 인정하라 그리하면 네 길을 지도하시리라 7 스스로 지혜롭게 여기지 말지어다 여호와를 경외하며 악을 떠날지어다

● 말씀 나누기

>> 선택한 본문 말씀의 질문에 대하여 나누어 보세요.

Q&A 열왕기상 3장 6-10절

1. 솔로몬은 하나님의 어떤 부분을 인정하고 찬양하나요?(6절 참조)

2. 솔로몬은 자신의 나약함을 어떻게 고백하고 있나요?

3. 당신은 당신의 나약함을 위해 하나님께 도움을 구하고 있나요?

4. 주님이 솔로몬의 어떤 점을 마음에 들어 하시고 있나요?

Q&A 잠언 3장 3-7절

1. 본문에서 하나님과 사람 앞에서 은총과 귀중함을 받는 비결이 무엇이라고 하나요?

2. 당신은 자신의 어떤 부분을 자랑스러워하고 의지하고 있나요?

3. 나의 길을 내가 개척하는 것과 하나님이 내 길을 지도하기를 구하는 것의 차이점을 말해보세요.

4. 하나님을 경외하고 사랑함으로 당신은 무엇을 버리거나 떠나야 합니까?

● 메시지

솔로몬은 자신과 아버지 다윗이 성실과 공의의 마음으로 나라를 다스리게 된 것이 하나님의 은혜임을 인정합니다. 자신의 능력과 자질이 부족하지만 하나님의 도움으로 나라를 다스릴 수 있다고 고백합니다. 이런 솔로몬의 믿음과 고백이 하나님으로 하여금 솔로몬을 인정하게 됩니다. 우리도 하나님을 내 삶 속에 인정하게 될 때 하나님도 우리의 믿음을 인정하게 될 것입니다.

하나님의 능력을 인정한다고 고백하면서 하나님께 구하지 않는 사람은 말로만 믿는 사람입니다. 자신의 능력, 자신의 경험, 자신의 지식을 의지하는 사람은 하나님의 능력을 인정하지 않는 사람입니다. 모든 일에 하나님을 인정하고 의지할 때 하나님은 우리의 길을 인도하신다고 약속하십니다.

나눔

05 어른

이미지 보고 이야기하기

---

1 당신의 아버지 혹은 어른의 이미지를 말해 보세요.

2 당신은 그들의 말이 잔소리로 느껴졌던 경험을 말해 보세요.

3 당신은 언제 어른들의 가르침이 필요하다고 느끼나요?

4 그 가르침이 없어서 힘들었던 경험을 말해 보세요.

>> 성경말씀을 읽고 마음에 와 닿는 말씀을 선택한 후, 그 이유를 나누어 보세요.

말씀 1   요한복음 8장 3-9절

3 서기관들과 바리새인들이 음행중에 잡힌 여자를 끌고 와서 가운데 세우고 4 예수께 말하되 선생이여 이 여자가 간음하다가 현장에서 잡혔나이다 5 모세는 율법에 이러한 여자를 돌로 치라 명하였거니와 선생은 어떻게 말하겠나이까 6 그들이 이렇게 말함은 고발할 조건을 얻고자 하여 예수를 시험함이러라 예수께서 몸을 굽히사 손가락으로 땅에 쓰시니 7 그들이 묻기를 마지 아니하는지라 이에 일어나 이르시되 너희 중에 죄 없는 자가 먼저 돌로 치라 하시고 8 다시 몸을 굽혀 손가락으로 땅에 쓰시니 9 그들이 이 말씀을 듣고 양심에 가책을 느껴 어른으로 시작하여 젊은이까지 하나씩 하나씩 나가고 오직 예수와 그 가운데 섰는 여자만 남았더라

말씀 2   욥기 32장 7-10절

7 내가 말하기를 나이가 많은 자가 말할 것이요 연륜이 많은 자가 지혜를 가르칠 것이라 하였노라
8 그러나 사람의 속에는 영이 있고 전능자의 숨결이 사람에게 깨달음을 주시나니 9 어른이라고 지혜롭거나 노인이라고 정의를 깨닫는 것이 아니니라 10 그러므로 내가 말하노니 내 말을 들으라 나도 내 의견을 말하리라

● 말씀 나누기

>> 선택한 본문 말씀의 질문에 대하여 나누어 보세요.

Q&A 요한복음 8장 3-9절

1. 본문에는 서기관과 바리새인들 그리고 선생으로서 예수님, 어른과 젊은이들이
   나옵니다. 높은 위치에 있는 서기관과 바리새인 그리고 주변의 어른들의 모습이
   어떻게 느껴지나요?

2. 본받을 수 있는 어른과 본받을 수 없는 어른의 차이는 무엇입니까?

3. 예수님은 죄 없는 자가 먼저 돌로 치라고 하시고 땅에 쓰시는 시간을 갖습니다.
   이 모습 속에 무엇이 느껴지나요?

4. 마지막에 예수와 여자만 남았을 때 여자의 심정과 예수님의 심정에 대해 말해 보세요.

Q&A 욥기 32장 7-10절

1. 나이가 많고 연륜이 많은 자가 지혜를 가르친다는 말은 세상에 많이 있습니다.
   당신은 이 말에 대해 어떻게 생각합니까?

2. 본문에는 사람의 내면에 영이 있고 전능자의 숨결이 사람에게 깨달음을 준다고
   말합니다. 이 말에 대해 당신의 의견은 어떠한가요?

3. 어른이라고 지혜롭거나 노인이라고 정의를 깨닫지 않는다고 말합니다.
   예를 들어 설명해 보세요.

4. 당신은 주님의 말이 그 어떤 어른과 선생의 말보다 낫다고 느낀 적이 언제입니까?

말씀 1 요한복음 8장 3-9절

서기관과 바리새인들이 예수님을 시험하기 위해 간음한 여인을 두고 어찌해야 하는지 묻습니다.

우리가 세상을 살면서 우리를 시험하는 사람들이 묻습니다. 무엇이 맞는지 무엇이 중요한 지를

말입니다. 이런 질문 속에서 조언을 구할 어른이 있다면 얼마나 좋겠습니까? 주님은 우리가 무엇

이든 묻기를 원하십니다. 무엇이든 후히 주시고 책망치 않으신다고 약속하셨습니다. 주님이야 말

로 우리의 선생이요 구원자 이십니다.

말씀 2 욥기 32장 7-10절

나이가 많고 경험이 많은 어른이 지혜를 가르칠 수 있습니다. 그러나 어른들이 오히려 지혜롭지 못

하고 정의롭지 못한 경우도 많습니다. 그러나 주님의 말씀은 언제나 지혜롭고 정의롭습니다. 변함

없는 기준이기 때문입니다. 주님께서 우리 안에 계실 때 그 어떤 가르침보다 지혜를 주십니다. 우리

가 절망에서 벗어날 수 있는 길을 가르쳐 주십니다.

PART 2.
혼자일 때

06 무리에서 혼자

이미지 보고 이야기하기

---

1 군중(무리)을 보았던 경험을 말해 보세요.

2 사람들이 싫어서 혼자 있어본 경험이 있나요?

3 사람들이 무섭거나 싫었던 이유가 무엇입니까?

4 사람들을 피해 당신이 혼자 있는 장소는 어디입니까?

● 말씀 읽고 선택하기

>> 성경말씀을 읽고 마음에 와 닿는 말씀을 선택한 후, 그 이유를 나누어 보세요.

말씀 1   마태복음 14장 19-23절

19 무리를 명하여 잔디 위에 앉히시고 떡 다섯 개와 물고기 두 마리를 가지사 하늘을 우러러 축사하시고 떡을 떼어 제자들에게 주시매 제자들이 무리에게 주니 20 다 배불리 먹고 남은 조각을 열두 바구니에 차게 거두었으며 21 먹은 사람은 여자와 어린이 외에 오천 명이나 되었더라 22 예수께서 즉시 제자들을 재촉하사 자기가 무리를 보내는 동안에 배를 타고 앞서 건너편으로 가게 하시고 23 무리를 보내신 후에 기도하러 따로 산에 올라가시니라 저물매 거기 혼자 계시더니

말씀 2   출애굽기 24장 12-16절

12 여호와께서 모세에게 이르시되 너는 산에 올라 내게로 와서 거기 있으라 네가 그들을 가르치도록 내가 율법과 계명을 친히 기록한 돌판을 네게 주리라 13 모세가 그의 부하 여호수아와 함께 일어나 모세가 하나님의 산으로 올라가며 14 장로들에게 이르되 너희는 여기서 우리가 너희에게로 돌아오기까지 기다리라 아론과 훌이 너희와 함께 하리니 무릇 일이 있는 자는 그들에게로 나아갈지니라 하고 15 모세가 산에 오르매 구름이 산을 가리며 16 여호와의 영광이 시내 산 위에 머무르고 구름이 엿새 동안 산을 가리더니 일곱째 날에 여호와께서 구름 가운데서 모세를 부르시니라

● 말씀 나누기

>> 선택한 본문 말씀의 질문에 대하여 나누어 보세요.

Q&A   마태복음 14장 19-23절

1. 사람들은 예수님의 기적을 보고 어떻게 행동했을 것 같나요?

2. 예수님이 사람들의 칭송을 뒤로하고 기도하러 가신 이유가 무엇일까요?

3. 사람들이 말하는 이야기가 당신의 마음을 이해하지 못하는 경우가 있었습니까?

4. 사람들과 이야기하는 것보다 기도하는 것이 더 좋은 이유를 말해 보세요.

Q&A   출애굽기 24장 12-16절

1. 이스라엘 백성을 다스리던 모세에게 산으로 올라오라고 하신 이유가 무엇입니까?

2. 하나님이 모세에게 백성들 앞에서 돌판(십계명)을 주지 않고 따로 부르신 이유가 무엇일까요?

3. 사람들이 원하는 것과 하나님이 원하는 것이 다른 이유가 무엇일까요?

4. 무리들은 하나님 말씀보다 무엇을 따르는 경우가 많을까요?

● 메시지

말씀 1 **마태복음 14장 19-23절**

사람들은 예수님의 기적이나 능력을 보고 칭송합니다. 주님은 사람들에게 이적과 기적을 보여주기 보다는 하나님의 말씀을 이해하고 뜻을 따르기를 원하셨습니다. 사람들의 염원이 주님을 피곤하게 하고 안타깝게 만드는 일들이 많을 때 주님은 기도하기 위해 홀로 있기를 원했습니다. 우리도 사람들의 시선이나 말들에 상처 받기보다 주님처럼 하나님께 기도하는 것이 유익할 때가 많습니다.

말씀 2 **출애굽기 24장 12-16절**

모세가 사람들을 통치하고 질서를 만들면서 분주히 보냈을 것입니다. 그런 모세를 하나님은 따로 불러냅니다. 무리를 떠나 하나님을 만나기 위해, 돌판을 받기 위해 산으로 갑니다. 우리는 사람들 속에서 살지만 때로는 사람들을 떠나 하나님을 만나는 시간을 가져야 합니다. 하나님과 만나는 시간 속에서 은혜를 받고 하나님이 주시는 능력을 체험할 수 있기 때문입니다.

나눔

07 TV

이미지 보고 이야기하기

---

1 요즘 재미있게 보는 프로그램은 무엇인가요?

2 당신의 기억 속에 남아있는 영화, TV 프로그램, 책 등은 무엇인가요?

3 그 프로그램이 인생의 위기 속에서 어느 정도 도움이 되었나요?

4 당신은 삶의 어려움 속에서 어떤 정보가 필요했나요?

● 말씀 읽고 선택하기

>> 성경말씀을 읽고 마음에 와 닿는 말씀을 선택한 후, 그 이유를 나누어 보세요.

말씀 1   빌립보서 2장 19-22절 (새번역)

19 나는 주 예수 안에서 디모데를 여러분에게 곧 보내고 싶습니다. 그것은 나도 여러분의 형편을 앎으로

써 격려를 받으려는 것입니다 20 나에게는, 디모데와 같은 마음으로 진심으로 여러분의 형편을 염려하여

줄 사람이 아무도 없습니다 21 모두 다 자기의 일에만 관심이 있고, 그리스도 예수의 일에는 관심이 없습

니다 22 그러나 디모데의 인품은 여러분이 잘 알고 있습니다. 그는 자식이 아버지에게 하듯이 복음을 위

하여 나와 함께 봉사하였습니다

말씀 2   요한복음 6장 31-35절

31 기록된 바 하늘에서 그들에게 떡을 주어 먹게 하였다 함과 같이 우리 조상들은 광야에서 만나를 먹었나

이다 32 예수께서 이르시되 내가 진실로 진실로 너희에게 이르노니 모세가 너희에게 하늘로부터 떡을 준

것이 아니라 내 아버지께서 너희에게 하늘로부터 참 떡을 주시나니 33 하나님의 떡은 하늘에서 내려 세상

에 생명을 주는 것이니라 34 그들이 이르되 주여 이 떡을 항상 우리에게 주소서 35 예수께서 이르시되 나

는 생명의 떡이니 내게 오는 자는 결코 주리지 아니할 터이요 나를 믿는 자는 영원히 목마르지 아니하리라

● 말씀 나누기

>> 선택한 본문 말씀의 질문에 대하여 나누어 보세요.

Q&A   빌립보서 2장 19-22절 (새번역)

1. 바울이 디모데를 보낸 이유가 무엇입니까?

2. 당신을 진심으로 염려하고 돌보는 사람은 누구입니까?

3. 사람들은 자신의 일과 관심사에만 몰두합니다. 성경은 진심으로 사람을 돌보는 것이야 말로 주님의 마음을 가지고 일하는 사람이라고 말합니다. 그런 사람을 주변에서 본 적이 있습니까?

Q&A   요한복음 6장 31-35절

1. 텔레비전에서 주는 정보와 주님이 주시는 생명의 떡의 차이가 무엇입니까?

2. 우리가 정보를 듣고 음식을 사먹는 것도 살아가는데 필요합니다. 그러나 생명을 주지 못합니다. 그 생명은 무엇을 의미한다고 생각하십니까?

3. 예수님 자신이 생명이요 떡이라고 말하십니다. 당신은 예수님의 말씀을 생명의 떡처럼 먹고 마시고 있습니까?

4. 예수님의 말씀이 당신에게 생명이 되어 살게 만들었던 경험이 있습니까?

말씀 1   빌립보서 2장 19-22절 (새번역)

현대인은 과거에 비해 다양한 방식으로 소통합니다. SNS, 전화, 컴퓨터 등으로 말입니다. 그러나 진정한 소통이 아니기 때문에 더 외롭다고 합니다. 주님은 우리를 육체의 문제만이 아니라 영혼 깊숙한 외로움을 아셨고 위로하셨습니다. 우리가 행할 길도 공동체의 지체들을 깊게 사랑하고 돌보는 것입니다. 내 이웃과 지체들의 아픔에 공감하고 돕는 일이 주님이 우리에게 하신 명령입니다.

말씀 2   요한복음 6장 31-35절

사람들은 친해지기 위해 먹고 마시며 시간을 보냅니다. 잘 살기 위해 공부도 하고 돈을 법니다. 그러나 그 모든 것들이 한 사람의 영혼의 갈등을 해소시켜 주지 못합니다. 사람들이 느끼는 존재의 갈등, 영혼의 허기는 주님의 말씀으로 채울 수 있습니다. 주님 존재 자체가 우리 영혼을 위한 생명의 떡인 이유입니다. 주님의 말씀을 통해 주님 존재의 믿음을 통해 생명의 기쁨을 갖는 자라야 그리스도인이라 할 수 있습니다.

나눔

08 재판

이미지 보고 이야기하기

---

1 이 그림은 무엇을 상징하나요?

2 신문, 언론에서 보았던 기억나는 재판이 있나요?

3 당신이 재판을 받는다면 어떤 문제로 받게 될 것 같은가요?

4 당신이 당신을 변호한다면 어떻게 할 것인가요?

● 말씀 읽고 선택하기

>> 성경말씀을 읽고 마음에 와 닿는 말씀을 선택한 후, 그 이유를 나누어 보세요.

말씀 1   야고보서 4장 10-14절

10 주 앞에서 낮추라 그리하면 주께서 너희를 높이시리라 11 형제들아 서로 비방하지 말라 형제를 비방하는 자나 형제를 판단하는 자는 곧 율법을 비방하고 율법을 판단하는 것이라 네가 만일 율법을 판단하면 율법의 준행자가 아니요 재판관이로다 12 입법자와 재판관은 오직 한 분이시니 능히 구원하기도 하시며 멸하기도 하시느니라 너는 누구이기에 이웃을 판단하느냐 13 들으라 너희 중에 말하기를 오늘이나 내일이나 우리가 어떤 도시에 가서 거기서 일 년을 머물며 장사하여 이익을 보리라 하는 자들아 14 내일 일을 너희가 알지 못하는도다 너희 생명이 무엇이냐 너희는 잠깐 보이다가 없어지는 안개니라

말씀 2   로마서 3장 9-12절

9 그러면 어떠하냐 우리는 나으냐 결코 아니라 유대인이나 헬라인이나 다 죄 아래에 있다고 우리가 이미 선언하였느니라 10 기록된 바 의인은 없나니 하나도 없으며 11 깨닫는 자도 없고 하나님을 찾는 자도 없고 12 다 치우쳐 함께 무익하게 되고 선을 행하는 자는 없나니 하나도 없도다

● 말씀 나누기

>> 선택한 본문 말씀의 질문에 대하여 나누어 보세요.

Q&A 야고보서 4장 10-14절

1. 본문에서 누구에게 자신을 낮추게 되면 누가 높이신다고 말하나요?

2. 11절처럼 타인을 평가하면서 자신이 재판관처럼 되는 경우가 언제 있나요?
   어떤 일에 판단을 과하게 하나요?

3. 우리 인생이 영원할 것처럼 생각하고 행동하는 모습을 말해 보세요.

4. 사람들이 내일을 다 아는 것처럼 말하고 행동하는 모습을 보면 어떤 느낌이
   드나요?

Q&A 로마서 3장 9-12절

1. 당신은 어떤 사람이 의인이라고 생각하나요?

2. 본문에서 의인은 하나도 없다고 말하는 이유가 무엇이라 생각하나요?

3. 깨닫는 자도 없고 하나님을 찾는 자도 없다는 말은 무엇을 말하는 것일까요?

4. 사람들이 다 치우쳐 있는 부분이 무엇이라 생각합니까?

말씀 1 | 야고보서 4장 10-14절

우리가 낮아지고 섬기는 자세로 사는 이유는 하나님의 존재를 인정하기 때문입니다. 하나님을 인정하기 때문에 하나님이 만드신 율법을 지킵니다. 그래서 우리가 율법을 무시하는 것은 하나님을 무시하는 것이 됩니다. 또한 하나님의 존재를 믿는 사람은 자신의 판단과 노력이 부질없는 것이라는 것을 알게 됩니다. 모든 일에 하나님의 판단과 의견을 구하는 자세야 말로 신앙인의 모습입니다.

말씀 2 | 로마서 3장 9-12절

모든 사람은 죄 아래 있습니다. 자녀가 부모의 유전자를 물려받듯이 인간의 죄의 유전자를 물려 받았습니다. 아무리 착하게 살고 의로운 일을 했다고 해도 자신의 죄 된 존재를 바꿀 수 없습니다. 내가 부모의 유전자를 바꿀 수 없듯이 말입니다. 그래서 의인은 없나니 하나도 없다고 말합니다. 의롭게 되는 일은 오직 주 예수 그리스도를 믿는 믿음으로 가능합니다. 주 예수 그리스도께서 우리 죄를 위해 십자가에 달리신 이유를 깨닫는 것이 신앙의 첫걸음입니다.

나눔

09 갈림길

이미지 보고 이야기하기

----

1. '숲에 두개의 길이 있습니다' 라고 시작하는 프로스트의 '가지 않은 길'
   이라는 시를 아시나요? 시를 읽고 어떤 느낌이 드나요?

2. 당신은 갈림길에서 선택의 어려움을 느껴본 경험이 있나요?

3. 그 두 갈래 길에서 어느 길로 갔으며 그 길로 간 이유가 무엇입니까?

4. 가지 않은 길에 대한 생각을 하면 지금 어떤 마음이 드나요?

● 말씀 읽고 선택하기

>> 성경말씀을 읽고 마음에 와 닿는 말씀을 선택한 후, 그 이유를 나누어 보세요.

말씀 1　　**출애굽기 20장 1-5절**

1 하나님이 이 모든 말씀으로 말씀하여 이르시되 2 나는 너를 애굽 땅, 종 되었던 집에서 인도하여 낸 네 하나님 여호와니라 3 너는 나 외에는 다른 신들을 네게 두지 말라 4 너를 위하여 새긴 우상을 만들지 말고 또 위로 하늘에 있는 것이나 아래로 땅에 있는 것이나 땅 아래 물 속에 있는 것의 어떤 형상도 만들지 말며 5 그것들에게 절하지 말며 그것들을 섬기지 말라 나 네 하나님 여호와는 질투하는 하나님인즉 나를 미워하는 자의 죄를 갚되 아버지로부터 아들에게로 삼사 대까지 이르게 하거니와

말씀 2　　**누가복음 12장 22-30절**

22 또 제자들에게 이르시되 그러므로 내가 너희에게 이르노니 너희 목숨을 위하여 무엇을 먹을까 몸을 위하여 무엇을 입을까 염려하지 말라 23 목숨이 음식보다 중하고 몸이 의복보다 중하니라 24 까마귀를 생각하라 심지도 아니하고 거두지도 아니하며 골방도 없고 창고도 없으되 하나님이 기르시나니 너희는 새보다 얼마나 더 귀하냐 25 또 너희 중에 누가 염려함으로 그 키를 한 자라도 더할 수 있느냐 26 그런즉 가장 작은 일도 하지 못하면서 어찌 다른 일들을 염려하느냐 27 백합화를 생각하여 보라 실도 만들지 않고 짜지도 아니하느니라 그러나 내가 너희에게 말하노니 솔로몬의 모든 영광으로도 입은 것이 이 꽃 하나만큼 훌륭하지 못하였느니라 28 오늘 있다가 내일 아궁이에 던져지는 들풀도 하나님이 이렇게 입히시거든 하물며 너희일까보냐 믿음이 작은 자들아 29 너희는 무엇을 먹을까 무엇을 마실까 하여 구하지 말며 근심하지도 말라 30 이 모든 것은 세상 백성들이 구하는 것이라 너희 아버지께서는 이런 것이 너희에게 있어야 할 것을 아시느니라

● 말씀 나누기

>> 선택한 본문 말씀의 질문에 대하여 나누어 보세요.

Q&A 출애굽기 20장 1-5절

1. 이스라엘 백성은 하나님과 우상의 갈림길에서 우상을 선택했습니다.
   그들은 왜 그런 선택을 했을까요?

2. 사람들은 왜 무당을 찾고 점을 보면서 만족하게 될까요? 당신도 그런 미신을
   선택하거나 믿고 싶었던 적이 있나요?

3. 당신은 하나님 말씀보다 다른 것을 선택한 경우가 있었나요?
   그 때를 말해 보세요.

4. 두 가지 길에서 하나를 선택할 때 당신의 기준이 되는 것은 무엇입니까?

Q&A 누가복음 12장 22-30절

1. 왜 사람들은 오지 않은 미래에 대해 걱정하게 될까요?

2. 예수님은 제자들에게 목숨을 위해 먹고 몸을 위해 입는 것에 염려하지 말라고
   하십니다. 당신은 현실적 문제와 하나님의 말씀 사이에서 어떤 결정을 하게 됩니까?

3. 주님은 우리에게 먹고 마시는 일을 구하지 말라고 하십니다.
   이 말씀을 들을 때 당신은 어떤 느낌이 드나요?

4. 당신이 매 순간 선택의 갈림길에 섰을 때 어떤 도움이 필요합니까?

말씀 1 · 출애굽기 20장 1-5절

하나님의 인도하심으로 출애굽 하였던 백성들은 어려움을 겪게 되자 우상을 섬기게 됩니다. 신앙인들도 살면서 어려움을 겪을 때 어떤 방법을 선택해야 할 지 고민해야 할 때가 있습니다. 하나님께 묻기보다 사람들이 선호하는 방법, 세상의 지혜로 자신의 문제를 해결하고자 하게 됩니다. 어려움이 닥치기 전에 시험에 들기 전에 항상 주님께 향하는 마음 연습만이 갈림길에서도 신앙을 지키는 힘이 됩니다.

말씀 2 · 누가복음 12장 22-30절

우리의 신앙을 방해하는 요소는 많이 있습니다. 그 가운데 과거를 회상하며 후회하는 사람이 있습니다. 이런 사람은 현재 역사하시는 주님을 바라보지 않게 됩니다. 또 오지 않은 미래를 두려워합니다. 이런 사람도 지금 살아 계시는 주님을 보지 못하는 사람입니다. 그래서 항상 깨어 있어 기도함으로 과거에 사로잡히거나 미래의 불안으로 현재를 잃어버리지 않게 노력해야 합니다.

나눔

10 술

이미지 보고 이야기하기

---

1 당신은 술을 마셔본 적이 있나요? 혹은 주변에 술을 마시는 사람이 누가 있나요?

2 당신은 왜 술을 마시게 되나요? 혹은 사람들은 왜 술을 마실까요?

3 즐기기 위해, 취하기 위해, 잊기 위해 술을 마시면 어떤 효과가 있을까요?

4 술의 효과를 가져 오는 다른 것은 무엇이 있을까요?

● 말씀 읽고 선택하기

>> 성경말씀을 읽고 마음에 와 닿는 말씀을 선택한 후, 그 이유를 나누어 보세요.

말씀 1   사도행전 2장 12-17절

12 다 놀라며 당황하여 서로 이르되 이 어찌 된 일이냐 하며 13 또 어떤 이들은 조롱하여 이르되 그들이 새 술에 취하였다 하더라 14 베드로가 열한 사도와 함께 서서 소리를 높여 이르되 유대인들과 예루살렘에 사는 모든 사람들아 이 일을 너희로 알게 할 것이니 내 말에 귀를 기울이라 15 때가 제 삼 시니 너희 생각과 같이 이 사람들이 취한 것이 아니라 16 이는 곧 선지자 요엘을 통하여 말씀하신 것이니 일렀으되 17 하나님이 말씀하시기를 말세에 내가 내 영을 모든 육체에 부어 주리니 너희의 자녀들은 예언할 것이요 너희의 젊은이들은 환상을 보고 너희의 늙은이들은 꿈을 꾸리라

말씀 2   로마서 13장 11-14절

11 또한 너희가 이 시기를 알거니와 자다가 깰 때가 벌써 되었으니 이는 이제 우리의 구원이 처음 믿을 때보다 가까웠음이라 12 밤이 깊고 낮이 가까웠으니 그러므로 우리가 어둠의 일을 벗고 빛의 갑옷을 입자 13 낮에와 같이 단정히 행하고 방탕하거나 술 취하지 말며 음란하거나 호색하지 말며 다투거나 시기하지 말고 14 오직 주 예수 그리스도로 옷 입고 정욕을 위하여 육신의 일을 도모하지 말라

● 말씀 나누기

>> 선택한 본문 말씀의 질문에 대하여 나누어 보세요.

Q&A 사도행전 2장 12-17절

1. 사람들은 제자들이 술 취했다고 조롱한 이유가 무엇일까요? (사도행전 2장 4절 참조)

2. 무엇에 취하거나 홀리게 되면 인간은 이끌려가게 됩니다.
   술 취하듯 다른 것에 이끌려 다녀 본 적이 있습니까?

3. 당신은 성령에 취하여 이끌려 본 경험이 있습니까?

4. 본문에 의하면 하나님의 영을 육체에 부어 주신다고 말씀하십니다.
   그 영을 받으면 어떤 변화가 생긴다고 말합니까?

Q&A 로마서 13장 11-14절

1. 주변에서 방탕하고 술에 취하거나 음란하고 호색하게 되어 힘든 경험을 하는 사람을
   본 적이 있습니까? 그 모습이 어떻게 보입니까?

2. 구원을 받기 위해 금해야 할 것들 가운데 당신은 무엇이 당신에게 문제가 되는 것은
   무엇입니까? 13절에 나온 예들을 사용하여 말해 보세요.

3. 당신의 습관이나 중독을 이기기 위해 주님께 도움을 구해 보신 적이 있습니까?

4. 당신의 약함을 이기기 위해 누구의 도움이 필요한가요?

● 메시지

말씀 1 **사도행전 2장 12-17절**

술 취한 사람은 두려움이 없습니다. 소리도 크고 행동도 큽니다. 다른 사람의 시선을 의식하지 않습니다. 성령을 받은 사람의 모습도 이와 같습니다. 크게 복음을 외치고 설명도 하고 권유도 하고 어디든 갈 수 있다는 자세가 됩니다. 나는 부끄럽고 소심하고 낯가림이 심할 수 있지만 성령님이 함께 하시면 어떤 두려움도 사라지게 됩니다. 주님은 나에게 능력이 나타나도록 역사하십니다.

말씀 2 **로마서 13장 11-14절**

신앙인의 삶은 오늘밤 주님이 오신다는 심정으로 살아야 합니다. 주님의 명령을 따르기를 즐거워해야 합니다. 그렇지 않고 세상 사람들과 똑같은 가치관과 행동으로는 신앙의 능력이 사라지게 됩니다. 밤이나 낮이나 누가 보거나 안보거나 따지지 않고 예수님의 가르침대로 살기위해 노력해야 합니다. 그래서 나의 약함을 극복하기 위해 믿음의 동역자들이 필요합니다. 함께 기도하는 모임이 필요합니다.

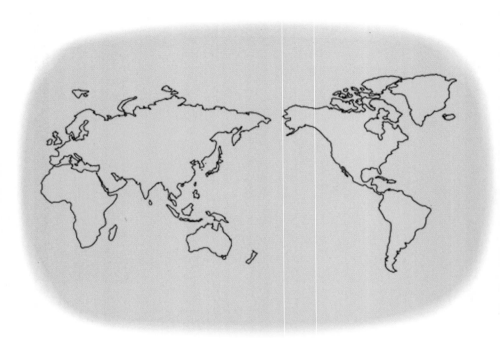

11 지도

이미지 보고 이야기하기

_____

1. 최근 지도를 본 경험이 있습니까?

2. 지도를 가장 많이 보거나 흥미롭게 본 시절은 언제입니까?

3. 지도에서 당신이 다녀본 곳을 찾아본다면 어떤 곳을 이야기할 수 있나요?

4. 당신의 인생지도에서 가장 기억에 남는 장소는 어디 입니까?

● 말씀 읽고 선택하기

>> 성경말씀을 읽고 마음에 와 닿는 말씀을 선택한 후, 그 이유를 나누어 보세요.

말씀 1   누가복음 10장 1-5절

1 그 후에 주께서 따로 칠십 인을 세우사 친히 가시려는 각 동네와 각 지역으로 둘씩 앞서 보내시며 2 이르시되 추수할 것은 많되 일꾼이 적으니 그러므로 추수하는 주인에게 청하여 추수할 일꾼들을 보내 주소서 하라 3 갈지어다 내가 너희를 보냄이 어린 양을 이리 가운데로 보냄과 같도다 4 전대나 배낭이나 신발을 가지지 말며 길에서 아무에게도 문안하지 말며 5 어느 집에 들어가든지 먼저 말하되 이 집이 평안할지어다 하라

말씀 2   사도행전 1장 5-9절

5 요한은 물로 세례를 베풀었으나 너희는 몇 날이 못되어 성령으로 세례를 받으리라 하셨느니라 6 그들이 모였을 때에 예수께 여쭈어 이르되 주께서 이스라엘 나라를 회복하심이 이 때니이까 하니 7 이르시되 때와 시기는 아버지께서 자기의 권한에 두셨으니 너희가 알 바 아니요 8 오직 성령이 너희에게 임하시면 너희가 권능을 받고 예루살렘과 온 유대와 사마리아와 땅 끝까지 이르러 내 증인이 되리라 하시니라 9 이 말씀을 마치시고 그들이 보는데 올려져 가시니 구름이 그를 가리어 보이지 않게 하더라

● 말씀 나누기

>> 선택한 본문 말씀의 질문에 대하여 나누어 보세요.

Q&A 누가복음 10장 1-5절

1. 주님은 사람들을 각 지역에 보내면서 둘씩 보낸 이유가 무엇일까요?

2. 3절에 복음을 전파하는데 어려움을 무엇이라고 표현하십니까?

3. 당신은 복음을 전하면서 어려움을 겪어 본 적이 있나요?

4. 주인의 명을 받아 추수하는 일꾼처럼 사람들을 추수하기 위해 당신은 주님에게 무엇을 구하고 싶습니까?

Q&A 사도행전 1장 5-9절

1. 요한은 물로 세례를 베풀었으나 주님은 우리에게 무엇으로 세례를 받는다고 약속하십니까?

2. 성령 세례를 받은 사람의 특징을 무엇이라고 말하십니까?

3. 사람들은 땅이나 지역을 사는 곳이나 여행지역으로 생각하지만 그리스도인들은 그 땅과 그 나라들을 어떻게 보아야 할까요?(8절)

4. 우리가 신앙인으로 살아가는데 중요한 요소가 본문에서는 무엇이라고 말합니까?

말씀 1 누가복음 10장 1-5절

사람들은 지도를 보면서 어디로 여행할까? 어디서 잠을 잘까? 어디서 놀까를 고민합니다. 그러나 주님은 각 지역을 돌아다닐 제자들에게 규모를 정하고 각 지역에서 할 일을 나누어 주셨습니다. 이유는 구원의 소식을 전하기 위함이었습니다. 우리도 세계 구석구석을 누비며 해야 할 일은 선교입니다. 내가 어떤 일을 하든 추수하듯 사람들을 하나님께 인도하고자 하는 목적이 우선 되어야 합니다. 그 일에 가슴 뛰는 그리스도인이 되어야 할 것입니다.

말씀 2 사도행전 1장 5-9절

그리스도인이 된다는 것은 주님이 우리를 구원하셨다는 사실을 믿는 것입니다. 그 믿음을 통해 우리는 새 생명을 얻었습니다. 그리고 우리에게 성령을 통해 일하십니다. 일이란 주님의 복음, 즉 복된 소식을 만방에 전하는 일입니다. 사람이 사는 곳이라면 그 어디든 복음을 전하는 일이 우리 그리스도인이 할 일입니다. 성령님은 우리에게 능력을 주어 부끄러워하지 않고 복음을 전하게 하십니다. 우리 모두 성령님께 의지하여 복음을 전하는 성도가 되어야 합니다.

나눔

PART 3.

기억할 때

12 불

이미지 보고 이야기하기

----

1 집에 가스, 라이터 등 불과 관련된 물건은 무엇이 있습니까?

2 당신이 사용한 도구 중 가장 화력이 쎈 도구는 무엇이었습니까?

3 당신의 인생에서 가장 영향력 있는 것은 무엇입니까?

4 당신의 인생 가운데 누구의 영향력이 가장 강력하였습니까?

>> 성경말씀을 읽고 마음에 와 닿는 말씀을 선택한 후, 그 이유를 나누어 보세요.

말씀 1   사도행전 2장 1-7절

1 오순절 날이 이미 이르매 그들이 다같이 한 곳에 모였더니 2 홀연히 하늘로부터 급하고 강한 바람 같은 소리가 있어 그들이 앉은 온 집에 가득하며 3 마치 불의 혀처럼 갈라지는 것들이 그들에게 보여 각 사람 위에 하나씩 임하여 있더니 4 그들이 다 성령의 충만함을 받고 성령이 말하게 하심을 따라 다른 언어들로 말하기를 시작하니라 5 그 때에 경건한 유대인들이 천하 각국으로부터 와서 예루살렘에 머물러 있더니 6 이 소리가 나매 큰 무리가 모여 각각 자기의 방언으로 제자들이 말하는 것을 듣고 소동하여 7 다 놀라 신기하게 여겨 이르되 보라 이 말하는 사람들이 다 갈릴리 사람이 아니냐

말씀 2   고린도전서 2장 1-5절

1 형제들아 내가 너희에게 나아가 하나님의 증거를 전할 때에 말과 지혜의 아름다운 것으로 아니하였나니 2 내가 너희 중에서 예수 그리스도와 그가 십자가에 못 박히신 것 외에는 아무 것도 알지 아니하기로 작정하였음이라 3 내가 너희 가운데 거할 때에 약하고 두려워하고 심히 떨었노라 4 내 말과 내 전도함이 설득력 있는 지혜의 말로 하지 아니하고 다만 성령의 나타나심과 능력으로 하여 5 너희 믿음이 사람의 지혜에 있지 아니하고 다만 하나님의 능력에 있게 하려 하였노라

● 말씀 나누기

>> 선택한 본문 말씀의 질문에 대하여 나누어 보세요.

Q&A   사도행전 2장 1-7절

1. 오순절 한곳에 모인 사람들이 경험하게 된 현상을 당신의 언어로 묘사해 보세요.

2. 사람들은 불같이 강한 성령을 받고 서로 다른 언어(방언)로 말하기 시작했습니다.
   당신도 성령충만을 통해 당신이 평소 하던 말이 아닌 다른 논리와 말을 해 본 경험이 있습니까?

3. 당신은 마음에 힘을 얻어서 평소와 다른 말이나 행동을 한 적이 있습니까?
   마음에 힘을 주었던 것이 무엇입니까?

4. 방언은 성령 충만을 통해 일어난 현상입니다. 당신은 성령 충만의 경험을 해 본 경험이
   있습니까? 경험이 없다면 성령이 무엇이라고 생각하나요?

Q&A   고린도전서 2장 1-5절

1. 하나님의 증거를 전할 때 말과 지혜의 아름다운 것으로 하지 않았다는 말을 자신의
   말이나 현대적으로 설명해 보세요.

2. 전도를 할 때 나(바울)의 말과 지혜나 지식으로 하는 것이 아니라 성령으로 한 이유가
   무엇입니까?

3. 나의 지식과 의지로 말하는 것과 성령의 능력으로 하는 것의 차이가 무엇이라
   생각하십니까?

4. 성령의 능력으로 어려움을 이기고 나아가 본 경험을 말해 보세요.
   또는 어느 시기에 성령의 능력이 필요하다고 생각하십니까?

● 메시지

말씀 1 　사도행전 2장 1-7절

오순절 마가 다락방에 그리스도인들이 모였습니다. 그들은 열심히 기도했고 불과같은 성령이 임재하셔서 모든 사람이 성령충만 함을 받았습니다. 성령 세례를 받은 그들은 다양한 은사를 받았습니다. 그 가운데 성령이 말하게 하심을 따라 방언을 했습니다. 지금도 그리스도인들이 모여 기도할 때 불처럼 뜨겁고 강력한 성령의 힘을 체험하게 됩니다. 성령의 능력을 체험하고 우리들도 능력 있는 그리스도인이 될 줄로 믿으시길 바랍니다.

말씀 2 　고린도전서 2장 1-5절

하나님에 대해 지식으로만 아는 사람이 많습니다. 우리들도 사람들에게 단순히 '교회를 가보자' 라는 말로만 전도합니다. 그러나 말씀은 그런 방식이 아닌 성령의 나타나심과 능력으로 주님을 전하라고 하십니다. 성령의 능력을 힘입지 않고서는 우리의 신앙은 강해질 수 없습니다. 성령의 능력으로 일상에서 신앙의 힘을 발휘하는 우리들이 되어야 합니다.

나눔

13 사진첩

이미지 보고 이야기하기

---

1 집에 사진첩이 몇 개가 있습니까?

2 최근 사진을 찍은 적이 언제입니까?

3 사진첩을 열어 보면 어떤 사진이 눈에 띕니까? 설명해 주세요.

4 지난 시간 가운데 마음에 사진으로 남아 있는 장면은 무엇입니까?

● 말씀 읽고 선택하기

>> 성경말씀을 읽고 마음에 와 닿는 말씀을 선택한 후, 그 이유를 나누어 보세요.

말씀 1   누가복음 23장 38-43절

38 그 위에 이는 유대인의 왕이라 쓴 패가 있더라 39 달린 행악자 중 하나는 비방하여 이르되 네가 그리스도가 아니냐 너와 우리를 구원하라 하되 40 하나는 그 사람을 꾸짖어 이르되 네가 동일한 정죄를 받고서도 하나님을 두려워하지 아니하느냐 41 우리는 우리가 행한 일에 상당한 보응을 받는 것이니 이에 당연하거니와 이 사람이 행한 것은 옳지 않은 것이 없느니라 하고 42 이르되 예수여 당신의 나라에 임하실 때에 나를 기억하소서 하니 43 예수께서 이르시되 내가 진실로 네게 이르노니 오늘 네가 나와 함께 낙원에 있으리라 하시니라

말씀 2   마태복음 16장 5-11절

5 제자들이 건너편으로 갈 새 떡 가져가기를 잊었더니 6 예수께서 이르시되 삼가 바리새인과 사두개인들의 누룩을 주의하라 하시니 7 제자들이 서로 논의하여 이르되 우리가 떡을 가져오지 아니하였도다 하거늘 8 예수께서 아시고 이르시되 믿음이 작은 자들아 어찌 떡이 없으므로 서로 논의하느냐 9 너희가 아직도 깨닫지 못하느냐 떡 다섯 개로 오천 명을 먹이고 주운 것이 몇 바구니며 10 떡 일곱 개로 사천 명을 먹이고 주운 것이 몇 광주리였는지를 기억하지 못하느냐 11 어찌 내 말한 것이 떡에 관함이 아닌 줄을 깨닫지 못하느냐 오직 바리새인과 사두개인들의 누룩을 주의하라 하시니

● 말씀 나누기

>> 선택한 본문 말씀의 질문에 대하여 나누어 보세요.

Q&A   누가복음 23장 38-43절

1. 십자가에 달린 강도는 예수님께 하나님 나라에 임할 때 자신을 기억해 달라고 합니다.
   당신은 주님께 무엇을 기억해 달라고 구하고 싶습니까?

2. 당신은 하나님이 기억하지 않았으면 하는 모습이 있습니까?
   어떤 시절의 어떤 모습입니까?

3. 예수님은 강도에게 "나와 함께 낙원에 있으리라"라고 약속하십니다.
   그의 죄를 묻지도 않고 천국을 약속하신 주님의 말을 당신에게 한다고 생각하면
   어떤 느낌이 드나요?

4. 당신은 하나님의 약속을 잘 기억하지 못하는 이유가 무엇입니까?

Q&A   마태복음 16장 5-11절

1. 제자들은 떡을 잊었다고 분주합니다. 당신이 분주한 이유는 무엇입니까?

2. 예수님이 주의하라고 하신 것은 바리새인과 사두개인의 누룩을 말한 것입니다.
   그 누룩은 잘못된 가르침을 말하신 건데 제자들은 떡을 말하는 줄로 알고 오해하고
   있습니다. 당신도 주님의 말씀을 오해하거나 왜곡했던 일이 있습니까?

3. 주님은 무엇을 기억하라고 하십니까? 이 기억을 하라고 하신 이유가 무엇입니까?

4. 우리가 먹고 사는 문제에 빠져서 예수님의 말씀을 잊고 지낼 때는 언제입니까?

메시지

말씀 1   누가복음 23장 38-43절

주님과 동행하며 사는 사람은 추억이 많습니다. 그 추억을 말하는 것을 간증이라 합니다. 예수님은 이 땅에 오셔서 많은 사람을 만났고 많은 곳을 방문했습니다. 그 가운데 은혜를 받은 사람도 있지만 예수님이 오신 것조차 모른 사람도 많았습니다. 마찬가지로 똑같이 교회를 다니지만 예수님과의 추억이 있는 사람이 있고 예수님을 만나지 못하고 몸만 교회에 왔다 가는 사람이 있습니다. 우리들은 하루하루 주님과 아름다운 추억을 만들어 가는 신앙인이 되어야겠습니다.

말씀 2   마태복음 16장 5-11절

제자들은 당장 먹을 떡이 없어 분주합니다. 그러나 예수님은 먹을 떡을 생각하다가 영혼을 살리신 주님의 능력을 잊었다고 말씀합니다. 먹고 살아가는 일에 분주한 우리들도 주님의 능력과 사랑을 잊고 살 때가 너무 많습니다. 그런 일이 자주 발생할 때 주님을 향한 우리의 사랑도 식어가게 됩니다. 주님의 사랑과 능력을 기억하고 힘입은 사람만이 일관성 있는 신앙생활을 하게 됩니다. 당장 삶의 문제보다 크신 하나님의 능력을 기억하며 신뢰하는 그리스도인이 되시길 바랍니다.

나눔

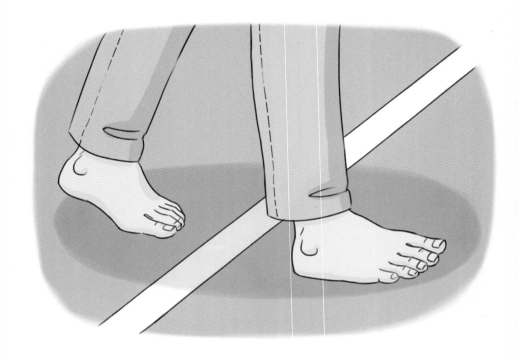

14 선

이미지 보고 이야기하기

———————————————

1 당신 주변에 발견할 수 있는 선을 말해 보세요.
(길에 그려진 선 혹은 담벼락 선 등)

2 그 선을 넘거나 지나는 사람은 누구인가요?

3 당신의 인생에서 넘지 말아야 할 선은 무엇인가요?
그 선을 넘어 본 적이 있나요?

4 반대로 꼭 넘어야 할 선은 무엇입니까?

● 말씀 읽고 선택하기

>> 성경말씀을 읽고 마음에 와 닿는 말씀을 선택한 후, 그 이유를 나누어 보세요.

말씀 1   마태복음 8장 28-34절

28 또 예수께서 건너편 가다라 지방에 가시매 귀신 들린 자 둘이 무덤 사이에서 나와 예수를 만나니 그들은 몹시 사나워 아무도 그 길로 지나갈 수 없을 지경이더라 29 이에 그들이 소리 질러 이르되 하나님의 아들이여 우리가 당신과 무슨 상관이 있나이까 때가 이르기 전에 우리를 괴롭게 하려고 여기 오셨나이까 하더니 30 마침 멀리서 많은 돼지 떼가 먹고 있는지라 31 귀신들이 예수께 간구하여 이르되 만일 우리를 쫓아내시려면 돼지 떼에 들여보내 주소서 하니 32 그들에게 가라 하시니 귀신들이 나와서 돼지에게로 들어가는지라 온 떼가 비탈로 내리달아 바다에 들어가서 물에서 몰사하거늘 33 치던 자들이 달아나 시내에 들어가 이 모든 일과 귀신 들린 자의 일을 고하니 34 온 시내가 예수를 만나려고 나가서 보고 그 지방에서 떠나시기를 간구하더라

말씀 2   야고보서 2장 10-17절

10 누구든지 온 율법을 지키다가 그 하나를 범하면 모두 범한 자가 되나니 11 간음하지 말라 하신 이가 또한 살인하지 말라 하셨은즉 네가 비록 간음하지 아니하여도 살인하면 율법을 범한 자가 되느니라 12 너희는 자유의 율법대로 심판 받을 자처럼 말도 하고 행하기도 하라 13 긍휼을 행하지 아니하는 자에게는 긍휼 없는 심판이 있으리라 긍휼은 심판을 이기고 자랑하느니라 14 내 형제들아 만일 사람이 믿음이 있노라 하고 행함이 없으면 무슨 유익이 있으리요 그 믿음이 능히 자기를 구원하겠느냐 15 만일 형제나 자매가 헐벗고 일용할 양식이 없는데 16 너희 중에 누구든지 그에게 이르되 평안히 가라, 덥게 하라, 배부르게 하라 하며 그 몸에 쓸 것을 주지 아니하면 무슨 유익이 있으리요 17 이와 같이 행함이 없는 믿음은 그 자체가 죽은 것이라

● 말씀 나누기

>> 선택한 본문 말씀의 질문에 대하여 나누어 보세요.

Q&A 마태복음 8장 28-34절

1. 예수님이 건너편 가다라 지방에 가시매 귀신을 만나게 됩니다. 가지 않으면 만나지 않았을 귀신을 만나게 되는 모습이 어떻게 보입니까?

2. 당신도 가지 않으면 만나지 않았을 일인데 가게 되어서 어려움을 당한 경험이 있습니까?

3. 예수님은 귀신을 쫓아내어 돼지에게 보내는 이적을 보이십니다. 당신은 새로운 환경이나 어려움을 만나 믿음의 능력으로 헤쳐 나가본 적이 있나요?

4. 당신은 안정을 위해 머무르나요? 아니면 선을 넘어서라도 도전하는 사람인가요?

Q&A 야고보서 2장 10-17절

1. 본문에서 율법을 지키다 하나를 범하면 어떻게 된다고 말합니까?

2. 율법을 지키기만 하고 행함이 없으면 어떤 문제가 발생하는지 각자의 의견을 말해보세요.

3. 믿음과 행동에 대해 자기 생각을 말해 보세요.

4. 가족이나 형제에게 도움을 받지 못해 상심한 경험을 말해 보세요.

● 메시지

말씀 1　　마태복음 8장 28-34절

인생은 한 곳에 머물 수만은 없습니다. 가고 싶어도 갈 수 없고 가기 싫어도 갈 수밖에 없을 때가 있습니다. 마찬가지로 신앙을 위해 전도를 위해 가야할 때가 있습니다. 안정만 추구하고 머무는 자세는 신앙의 모습이 아닙니다. 주님을 위해, 전도를 위해 국경을 넘기도 하고 지방도 가고 해야 합니다. 이 사람도 만나고 저 사람도 만나야 합니다. 주님의 영광을 위해 선을 넘는 자는 복된 사람입니다.

말씀 2　　야고보서 2장 10-17절

신앙생활을 하다 보면 하지 말아야 될 일을 할 때가 있습니다. 말씀을 알고만 있지 아무것도 하지 않는 사람도 있습니다. 주님이 원하는 사람은 복음을 위해 도전하는 사람입니다. 사랑의 손길을 기다리는 사람이 어디 있는지 알고 역경을 이기고 찾아가서 주님의 사랑을 전하는 사람입니다. 우리의 신앙은 머무는 신앙이 아니라 움직이는 신앙이며 도전하는 신앙이어여 합니다.

나눔

15 속도

이미지 보고 이야기하기

---

1. 가장 빨리 달려본 속도는 어느 정도입니까?

2. 그 차는 어떤 종류이고 어디를 달려가고 있었나요?

3. 당신의 인생은 얼마나 빨리 달리고 있습니까?

4. 차를 돌려 다시 가보고 싶은 장소나 시간이 있나요?

● 말씀 읽고 선택하기

>> 성경말씀을 읽고 마음에 와 닿는 말씀을 선택한 후, 그 이유를 나누어 보세요.

말씀 1　　시편 79편 8-11절

8 우리 조상들의 죄악을 기억하지 마시고 주의 긍휼로 우리를 속히 영접하소서 우리가 매우 가련하게 되었나이다 9 우리 구원의 하나님이여 주의 이름의 영광스러운 행사를 위하여 우리를 도우시며 주의 이름을 증거하기 위하여 우리를 건지시며 우리 죄를 사하소서 10 이방 나라들이 어찌하여 그들의 하나님이 어디 있느냐 말하나이까 주의 종들이 피 흘림에 대한 복수를 우리의 목전에서 이방 나라에게 보여 주소서 11 갇힌 자의 탄식을 주의 앞에 이르게 하시며 죽이기로 정해진 자도 주의 크신 능력을 따라 보존하소서

말씀 2　　누가복음 18장 1-8절

1 예수께서 그들에게 항상 기도하고 낙심하지 말아야 할 것을 비유로 말씀하여 2 이르시되 어떤 도시에 하나님을 두려워하지 않고 사람을 무시하는 한 재판장이 있는데 3 그 도시에 한 과부가 있어 자주 그에게 가서 내 원수에 대한 나의 원한을 풀어 주소서 하되 4 그가 얼마 동안 듣지 아니하다가 후에 속으로 생각하되 내가 하나님을 두려워하지 않고 사람을 무시하나 5 이 과부가 나를 번거롭게 하니 내가 그 원한을 풀어 주리라 그렇지 않으면 늘 와서 나를 괴롭게 하리라 하였느니라 6 주께서 또 이르시되 불의한 재판장이 말한 것을 들으라 7 하물며 하나님께서 그 밤낮 부르짖는 택하신 자들의 원한을 풀어 주지 아니하시겠느냐 그들에게 오래 참으시겠느냐 8 내가 너희에게 이르노니 속히 그 원한을 풀어 주시리라 그러나 인자가 올 때에 세상에서 믿음을 보겠느냐 하시니라

● 말씀 나누기

>> 선택한 본문 말씀의 질문에 대하여 나누어 보세요.

Q&A   시편 79편 8-11절

1. 시편 기자가 자신과 백성들을 하나님께서 영접해 주시기를 구하는 기도를 한 이유가
무엇입니까?

2. 하나님의 구원의 손길을 구하는 시편 기자와 백성들은 시간이 어떻게 느껴질까요?

3. 당신도 하나님 앞에서 갈급한 심정으로 시간을 지내본 경험이 있습니까?

4. 갇히고 죽임을 당할 사람과 같은 심정을 당신도 느껴본 경험이 있습니까?

Q&A   누가복음 18장 1-8절

1. 본문에는 불의한 재판장과 억울함을 당한 과부가 있습니다.
그들은 어떤 시간을 보내고 있을까요?

2. 불의한 재판관이 과부의 청을 들어주게 된 이유가 무엇입니까?

3. 불의한 재판관도 귀찮게 하는 과부의 원한을 풀어주는데 하나님은 밤낮 부르짖는
택한 자들의 기도를 당연히 들어 주신다고 하십니다. 당신은 그렇게 간절하게
기도한 시간이 있었습니까?

4. 인자가 올 때에 세상에 믿음을 보겠느냐며 한탄하십니다.
이때 주님이 말한 믿음은 무엇이라 생각하십니까?

말씀 1 　시편 79편 8-11절

시편 기자는 조상들의 죄를 사해주기를 원하면서 다급한 마음으로 기도합니다. 죄와 구원의 비밀을 알게 되면 느긋한 마음이 될 수 없습니다. 그래서 빠르게 구원을 해달라고 호소합니다. 벼랑 끝에서 죽게 된 사람은 편할 수 없습니다. 하나님이 신속하게 역사하시기를 원합니다. 갈급한 심령은 느긋할 수 없습니다. 우리의 기도가 속히 이루어지기를 원하는 것도 갈급한 마음 때문입니다. 갈급한 마음으로 기도하는 우리가 되어야 합니다.

말씀 2 　누가복음 18장 1-8절

예수님은 우리에게 항상 기도하고 낙심하지 말라고 말하십니다. 불의한 재판관도 빨리 도와달라고 매달리는 과부의 요청을 들어 줄 수밖에 없었습니다. 우리는 과부의 요청처럼 매일, 매 순간 기도하고 있습니까? 주님께서 빨리 응답해 주셔야 한다고 매달린 적이 있습니까? 그러나 우리는 오히려 주님께 더욱 매달리기보다 기도에 응답이 없다고 빠르게 포기할 때가 많습니다. 이는 기도하는 자의 자세가 아닙니다. 응답받을 때까지, 깨달아 질 때까지 부르짖고 매달려야 합니다.

나눔

16 잃어버린 돈

이미지 보고 이야기하기

———————————

1 돈을 잃어버린 경험이나 주웠던 경험을 말해 보세요.

2 돈 때문에 가장 힘들었던 시절은 언제입니까?

3 당신에게 가난이란 무엇입니까?

4 마음이 풍요로워지기 위해 돈 외에 무엇이 필요할까요?

● 말씀 읽고 선택하기

>> 성경말씀을 읽고 마음에 와 닿는 말씀을 선택한 후, 그 이유를 나누어 보세요.

말씀 1   히브리서 13장 1-5절

1 형제 사랑하기를 계속하고 2 손님 대접하기를 잊지 말라 이로써 부지중에 천사들을 대접한 이들이 있
었느니라 3 너희도 함께 갇힌 것 같이 갇힌 자를 생각하고 너희도 몸을 가졌은즉 학대 받는 자를 생각하라
4 모든 사람은 결혼을 귀히 여기고 침소를 더럽히지 않게 하라 음행하는 자들과 간음하는 자들을 하나님
이 심판하시리라 5 돈을 사랑하지 말고 있는 바를 족한 줄로 알라 그가 친히 말씀하시기를 내가 결코 너희
를 버리지 아니하고 너희를 떠나지 아니하리라 하셨느니라

말씀 2   누가복음 16장 9-15절

9 내가 너희에게 말하노니 불의의 재물로 친구를 사귀라 그리하면 그 재물이 없어질 때에 그들이 너희를
영주할 처소로 영접하리라 10 지극히 작은 것에 충성된 자는 큰 것에도 충성되고 지극히 작은 것에 불의
한 자는 큰 것에도 불의하니라 11 너희가 만일 불의한 재물에도 충성하지 아니하면 누가 참된 것으로 너
희에게 맡기겠느냐 12 너희가 만일 남의 것에 충성하지 아니하면 누가 너희의 것을 너희에게 주겠느냐
13 집 하인이 두 주인을 섬길 수 없나니 혹 이를 미워하고 저를 사랑하거나 혹 이를 중히 여기고 저를 경
히 여길 것임이라 너희는 하나님과 재물을 겸하여 섬길 수 없느니라 14 바리새인들은 돈을 좋아하는
자들이라 이 모든 것을 듣고 비웃거늘 15 예수께서 이르시되 너희는 사람 앞에서 스스로 옳다 하는 자들
이나 너희 마음을 하나님께서 아시나니 사람 중에 높임을 받는 그것은 하나님 앞에 미움을 받는 것이니라

● 말씀 나누기

>> 선택한 본문 말씀의 질문에 대하여 나누어 보세요.

Q&A 히브리서 13장 1-5절

1. 내가 만난 사람들 가운데 대접을 했지만 배신을 한 사람과 나와 친분이 별로 없는데도 나에게 도움을 준 사람에 대해 말해 보세요.

2. 내가 당한 어려움을 기억하면서 다른 사람을 도와 준 경험을 말해 보세요.

3. 돈을 사랑하기 때문에 어려움을 당한 경험을 말해 보세요.

4. 내가 가진 재물에 대해 만족하기 어려운 이유가 무엇입니까?

Q&A 누가복음 16장 9-15절

1. 나의 손해를 감수하며 친구를 도와본 경험이 있는지 말해 보세요.

2. 작은 부분에도 성실히 하는 것이 왜 중요한지 설명해 보세요.

3. 바리새인들은 하나님과 재물을 함께 섬기지 못한다는 말에 비웃었습니다. 당신의 의견은 어떻습니까?

4. 사람 앞에서 높임을 받기 위해 노력하는 것이 하나님에게 미움을 받게 되는 이유가 무엇일까요?

● 메시지

말씀 1   히브리서 13장 1-5절

돈을 버는 이유는 다양합니다. 잘 먹고 잘 살기 위해서, 가족을 위해서, 다른 사람보다 높은 위치에 서기 위해서 돈을 법니다. 그러나 주님께서는 돈을 사랑하지 말라고 하십니다. 돈을 버는 이유가 자신을 위해서가 아니라 형제를 사랑하고 돕기 위해서, 힘들고 어려운 사람을 돕기 위해서라고 말씀하십니다. 이는 주님의 영광을 위해 주님의 뜻을 따라 돈을 사용함을 의미합니다. 우리들의 재물이 하나님의 뜻에 따라 사용되고 있는지 돌아보시기를 바랍니다.

말씀 2   누가복음 16장 9-15절

성경은 재물을 통해 친구를 사귀라고 말합니다. 큰 사업을 하는 사람들도 이구동성으로 사람을 세우는 것이 기업의 일이라고 합니다. 사람에게 투자하는 것이 현명한 일임을 사업하는 사람도 알고 있습니다. 마찬가지로 나의 재물로 친구를 돕고 사람을 세우는 일에 힘쓰는 것이야말로 하나님의 명령입니다. 단순히 돈만을 사랑하는 사람은 하나님을 사랑하는 마음을 뺏긴 사람입니다. 돈이 많음을 자랑하고 돈으로 자식을 키워 자랑하는 사람들은 사람들 앞에서 이미 높아져 버렸기에 하나님께서 그 사람을 사랑할 이유가 없어지는 것입니다. 나의 재물, 나의 재능이 하나님의 기쁨이 되도록 노력해야 합니다.

나눔

액션 바이블
Action Bible

01 감 사

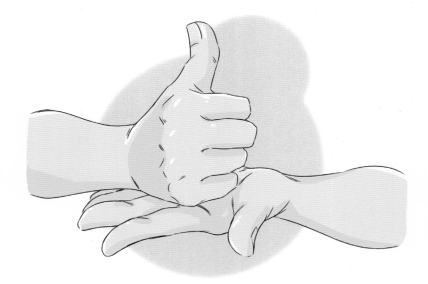

● 추수감사절 이미지성경공부

이미지보고 이야기하기 ───────────────

1. 이 사진이 무엇을 의미하는지 설명해보세요

2. 당신은 누구에게 감사한(고마운) 마음을 전달해 보았습니까?

3. 당신은 어느 때 감사한(고마운) 마음을 갖게 됩니까?

4. 사람들이 감사한 마음을 표현하지 못하는 이유는 무엇일까요?

말씀 읽기

>>성경 말씀을 읽고 와닿는 단어나 문장을 선택한 후 그 이유를 설명해보세요.

시편 100편 3-5절

3 여호와가 우리 하나님이신 줄 너희는 알지어다 그는 우리를 지으신 이요

　우리는 그의 것이니 그의 백성이요 그의 기르시는 양이로다

4 감사함으로 그의 문에 들어가며 찬송함으로 그의 궁정에 들어가서

　그에게 감사하며 그의 이름을 송축할지어다

5 여호와는 선하시니 그의 인자하심이 영원하고

　그의 성실하심이 대대에 이르리로다

말씀 나누기

1. 이 말씀을 보고 어떤 장면을 묘사하는지 떠오르는 대로 말해 보세요.

2. 하나님께 감사함으로 나아간다고 하는데, 감사가 없는 자는 왜 하나님의 궁정에
    들어가지 못할까요?

3. 감사는 받은 것에 대해서 혹은 베풀어 주심에 대해 감사하는 것입니다.
    하나님은 여러분에게 무엇을 주셨거나 베푸셨다고 생각하십니까?

4. 당신은 하나님을 만나면 어떤 말로 감사를 표현할 수 있을까요?
    지금 한 번 말해 보세요.

감사의 마음을 가진 자는 감사의 마음에 따르는 행위를 할 수 있습니다. 하나님에게 감사한 마음을 가진 자만이 찬송하고 하나님께 영광을 돌릴 수 있습니다. 감사한 마음 없이 하나님을 찬송하고 영광 돌릴 수 없습니다. 감사한 마음 없이 하는 행위는 단순한 종교적 행위일 뿐입니다. 그 무엇보다 감사한 마음, 감사한 생활을 생활화할 때 하나님의 은혜가 항상 함께 하는 우리가 될 것입니다.

추수감사절 액션바이블

마음을 여는 액션메소드

1. 찬송가 하나를 부른다. 혹은 워밍업으로 게임이나 놀이를 한다.

2. 참여자들에게 한해를 떠올려 보게 한다.

3. 인도자는 참여자들에게 다음과 같이 말하며 양쪽으로 나눠서 서게 한다.

   "나는 올해 지금까지 지내는 동안 '힘들었다, 즐거웠다.' 힘들었으면 왼쪽, 즐거웠으면 오른쪽으로
   서면 됩니다. 여러분이 생각하기에 해당하는 곳에 가서 서면 됩니다."

4. 잠시 시간을 주고 옆에 있는 3,4명씩 모여 무엇 때문에 즐거웠는지, 무엇 때문에 힘들었는지 나눈다.

5. 마지막으로 특별히 나를 힘들게 했던 것들에 대해 생각해보게 한다.

6. 인도자는 다음과 같이 말하며 앞의 3번처럼 양쪽으로 나눠서 서게 한다.

   "내가 힘들었던 것은 사람(친구, 가족) 때문이다. 아니면 물질(돈, 직장, 일) 때문이다.
   여러분에게 해당하는 곳에 서시기 바랍니다.

7. 각 영역에 선 사람 중 몇 사람에게 어떻게 힘들었는지 물어본다.

8. 옆에 있는 사람과 모여서 힘들었던 것에 대해 나눈다.

성경으로 들어가는 액션메소드 ————————————

데살로니가전서 5장 16~18절

16 항상 기뻐하라 17 쉬지 말고 기도하라 18 범사에 감사하라 이것이 그리스도 예수 안에서
너희를 향하신 하나님의 뜻이니라

1. 진행자는 바닥에 다음과 같은 단어를 놓는다.
   (게으름/분노/우울/원망/돈/가족/기타)

2. 인도자는 참여자들에게 다음과 같이 말한다.
   "내가 기뻐할 수 없는 이유는 무엇입니까?
   내가 기도할 수 없는 이유는 무엇입니까?
   내가 감사할 수 없는 이유는 무엇입니까?
   바닥에 있는 단어들을 보고 해당하는 곳에 서면 됩니다."

3. 참여자들은 자신이 서 있는 곳에서 자신의 내면에 있는 소리를 글로 적어 본다.

4. 인도자는 참여자 중 한 사람을 선택해, 그 사람이 쓴 글을 읽어주고 참여자들이 외치게 한다.

5. 선택된 사람은 자신의 내면의 소리를 들어보고 느껴진 점을 얘기해 본다.

6. 참여자들이 다시 한번 내면의 소리를 외칠 때 선택된 사람은 반대의 말을 큰소리로 외쳐본다.

7. 진행자는 다음과 같은 말로 메시지를 전한다.

우리는 기뻐하며 기도하고 감사할 수 있는데 내 안에 나의 신앙을 방해하는 소리가 있습니다. 똑같이 파도를 만나는 배라고 할지라도 파도를 원망하지 않고 항해하는 배가 있는가 하면 파도를 원망하고 항해를 포기하는 배가 있습니다. 여러분은 인생이란 바다를 항해하면서 포기하는 배입니까? 즐겁게 파도를 넘는 배입니까? 주님은 여러분이 원할 때 항상 함께 해 주신다고 약속하셨습니다. 여러분이 감사의 마음, 감사의 말, 감사의 표현이 힘든 세상을 이길 수 힘이 된다는 사실을 믿으시기 바랍니다.

나눔

02 선 물

이미지보고 이야기하기 ─────────────────────

1 당신은 최근에 선물을 받아본 적이 있나요?

2 당신은 누구에게 선물을 주어본 적이 있나요?

3 당신이 받고 싶은 선물은 무엇인가요?

4 당신이 살아오면서 살아 있는 사람이거나 돌아가신 분에게
선물을 한다면 누구에게 어떤 선물을 하고 싶나요?

말씀 읽기

>>성경 말씀을 읽고 와닿는 단어나 문장을 선택한 후 그 이유를 설명해보세요.

마태복음 2장 10~11절

10 그들이 별을 보고 매우 크게 기뻐하고 기뻐하더라

11 집에 들어가 아기와 그의 어머니 마리아가 함께 있는 것을 보고 엎드려 아기께 경배하고 보배합을

   열어 황금과 유향과 몰약을 예물로 드리니라

말씀 나누기

1. 동방박사들이 준비한 선물은 무엇입니까?

2. 동방박사는 왜 그런 선물을 준비하게 되었을까요?

3. 당신이 예수님의 탄생을 알았다면 어떤 행동을 할 것 같습니까?

4. 당신을 구원하신 예수님의 존재를 언제 경험하게 되었습니까?

선물은 감사한 마음이 있을 때 자연스럽게 나타나는 행위입니다. 감사한 마음이 없는 선물은 뇌물과 같은 요구를 바라는 행위일 뿐입니다. 동방박사가 이 땅에 오신 예수님을 경배함과 동시에 선물을 가져온 이유는 자연스러운 그들의 마음입니다. 예수님의 행하심을 진정으로 알 수 있었기에 귀한 선물을 가지고 사막을 통과할 수 있었습니다. 우리도 주님께 선물을 준비하고 찾아가는 자들이 되기를 바랍니다.

● 성탄절 액션바이블

마음을 여는 액션메소드 ————————————————

1. 캐럴송 하나를 부른다. 혹은 워밍업으로 게임이나 놀이를 한다.

2. 인도자는 참여자들에게 지난해 성탄절에 했던 일들을 떠올려 보게 한다.

3. 참여자들은 간단하게 옆 사람과 지난해 성탄절에 있었던 일을 나눈다.

4. 인도자는 참여자들에게 눈을 감게 하고 다음과 같이 말한다.
   "우리는 매년 성탄절을 맞이합니다. 어렸을 적부터 또는 신앙을 가진 때부터 여러 번의 성탄절을 보냈습니다. 지나온 성탄절들을 떠올려보기 바랍니다. (침묵) 그중 가장 기억나는 성탄절, 크리스마스는 언제였습니까? 어디에서 누구와 함께 있었습니까? 밖에는 눈이 왔습니까? 눈이 오지 않았습니까? 당신은 기분이 어땠습니까? 기억이 나면 눈을 뜨시기 바랍니다."

5. 인도자는 바닥에 선이 있다고 가상하고 나이 표시를 1세부터 10세, 20세, 30세, 40세, 50세 등으로 정한다. 그리고 참여자들에게 기억나는 성탄절이 몇 살 때인지 물어보고 그 나이로 가서 서게 한다.

6. 인도자는 서 있는 몇 사람에게 질문하고 2,3명씩 그때의 일을 나눠보게 한다.

성경으로 들어가는 액션메소드

마태복음 2장 5~6절

5 이르되 유대 베들레헴이오니 이는 선지자로 이렇게 기록된 바

6 또 유대 땅 베들레헴아 너는 유대 고을 중에서 가장 작지 아니하도다 네게서 한 다스리는 자가 나와서내 백성 이스라엘의 목자가 되리라 하였음이니이다

1. 진행자는 다음과 같이 말한다.

"주님은 이 땅에 오시어 우리를 구원하시기 위해 십자가에 달리셨습니다. 동방박사들도 주님이 오신다는 소식에 선물을 들고 찾아갔습니다. 우리도 이 시간 주님 앞에 우리의 마음과 정성을 드리는 선물을 하겠습니다."

2. 준비된 선물 상자와 매직 그리고 종이에 선물의 이름을 적는다. 물질적인 것도 좋고 마음을 표현하는 선물도 좋다.

3. 찬양을 부르며 한 사람씩 중앙에 놓인 탁자에 자신의 선물을 올려놓는다.

4. 선물이 다 놓이면 인도자는 다음과 같이 말한다.

"지금부터 여러분이 하나님이 되어 여러분에게 말해보는 시간을 갖겠습니다. 중앙에 있는 의자에 앉아서 하나님의 마음이 되어 자신에게 이야기하는 것입니다."

5. 한 사람씩 중앙에 있는 의자에 앉아 하나님이 되어 하나님의 마음으로 자신에게 말해본다.

6. 한 사람이 중앙에 나와 자신에게 말한다.

" OOO야, 너의 선물이 고맙다. 나는 네가 _____ "

7. 하나님 역할을 했던 사람이 자기 자리에 앉으면 교사나 진행자 혹은 하나님 역할을 지정한 사람이
   방금 했던 사람의 말을 그대로 그 사람에게 들려준다.

8. 모두 끝나면 이 과정 속에서 느낀 경험을 나누도록 한다.

나눔

이미지성경공부 2

초판1쇄 발행 2020년 9월 21일

지 은 이   이영미, 이미숙, 우치언
펴 낸 이   이영미
펴 낸 곳   도서출판 액션메소드
디 자 인   이보라
일러스트   김상준, 장동연
등록번호   제2019-000041호
주   소   서울시 서초구 바우뫼로 20길 25 B1
전   화   070-4177-4567
S N S   http://fb.me/actionm0301
          blog.naver.com/actionm0301
이 메 일   actionm0301@naver.com
I S B N   979-11-965834-4-6